花
千
樹

吳月華 著

法醫
奇案實錄

第二增訂版

第二增訂版序

本書初版於非典型肺炎疫症前出版（二〇〇二年），增訂版出版時（二〇〇九年），非典型肺炎疫症已事過境遷，但因這是香港重大的醫學界事件，因此當時增加了兩篇關於疫症的文章。答應為此書增訂版再版時，香港尚算太平，想不到待到有空着手處理這次再版時，香港已風雲變色，更想不到的是類似非典型肺炎的疫症重臨香江。這兩宗歷史性的事件不多不少都跟法醫學扯上關係，但兩宗事件在完稿前仍未結束，因此書寫方法跟書的其他文章有點不一樣。

〈疫戰〉一文是承接上一版新增的「疫情」一章〈非典疫情〉未完的故事。由於 COVID-19 的死亡並曾進行解剖的個案不多，且從解剖學和病症而言，與非典型肺炎很相似，因此本文集中討論兩種可致命的冠狀病毒不同之處，並以身邊朋友作參照描寫疫情期間香港人內在的心理狀態與外在環境的交戰。

本書初版時撰寫的六章討論他殺的個案較多，新增的第八章「非自然死亡」則集中討論近期的「自殺」事件。自去年六月以來，不少被警方稱為自殺的個案，被不少網民質疑。因部分相關個案仍在排期研訊中，且無法得知解剖結果，因此關於自殺疑案的〈自殺無可疑？〉不會作結論式討論，主要討論在法醫學斷定自殺還是他

殺的可能性，希望待日後相關案件有定案後，有機會的話才再作增補。

最後，謹此感謝〈疫戰〉一文中陳小姐的「真身」講述她回港接受檢疫的過程，還有感謝花千樹各位協助第二增訂版出版的同事。特別再次衷心感謝法醫顧問馬宣立醫生再一次無條件地給予無限量的支持。

吳月華
二〇二〇年六月

增訂版序

最初認為法醫工作很值得讓大家知道，所以便做資料搜集，然後埋頭寫，想不到此書會如此受歡迎，細問下才知道已出了十三版。出版社曾希望我再寫有關的書，但近年埋首於電影研究的工作，始終未能成事。適逢花千樹十周年，他們希望再版此書，並建議加入一些新的案件。我想這工作量還能應付得來，於是就有了此增訂版。

回顧這七年來最大的醫學界和社會事件，便是二〇〇三年的嚴重急性呼吸道綜合症候群（Severe Acute Respiratory Syndrome, SARS），與馬醫生商量後，便寫了「疫情」的〈再見太平〉和〈非典疫情〉。構思時，新種H1N1的流感尚未出現。想不到完稿時，此流感已在社會成為主流流感了。

為增訂版修訂時，竟發現一篇已寫成的案件，但初版時沒有收錄。此案是我讀大學時報章報道過的，案中死者的自殺方法很特別。記得事發翌日，我到案發現場附近探訪一位舊同學，她當時與死者讀同一學院，但不同級別，我們曾討論過此案，對事件印象甚深。不知為何，一直找不到有關的報道。這次再看此文仍覺值得刊出，於是決定收入「愛恨交纏」，成為〈觸電感覺〉。此文部分細節是虛構，死者的自殺方法和死因亦可能與原案有出入。

與馬醫生討論增訂版時，他提出基於社會的發展，童黨和有關青少年的命案可能會成為一個新的趨勢。與「青春有悔」的〈無人駕駛〉相似，〈Truth or Dare〉中的法醫和警方盡全力搜集證據，但還得靠證人的口供，才能成功令被告們入罪。此案曾哄動一時，也引起社會上的一些討論，但社會對青少年的問題依舊茫無頭緒，問題可能更日趨嚴重，近年青少年濫藥便反映了此狀況，到底大眾對他們的瞭解又有多深呢？

　　最後，藉此機會向戴文婷和林蔚文醫生來個遲來的致謝，感謝她們這些年來的支持和替我解答一些對於她們來說可能是膚淺的醫學問題，還有組織與馬醫生的聚會，讓我們時有機會見面聊天和討論一些關於人、生命和社會的問題。

　　特別再次感謝馬醫生無條件給予的無限量支持，還有感謝花千樹各位協助增訂版出版工作的同事，更感謝香港大學病理學系 John Nicholls 副教授提供 SARS 病毒圖片。

　　近年出書不容易，感謝讀者鼎力支持。曾有讀者指正本書的錯漏，很可惜他們的名字已遺失，沒法一一道謝，謹此致以萬分謝意。若再有錯漏，還望指正。

吳月華
二〇〇九年六月

序

　　記得有天醫學院辦公室告訴我有位演藝學院的學生（即本書作者）想約見我，我心想究竟一名演藝學院的學生為何會對我的工作有興趣。她不但跟我的學生一起上課、參觀殮房，並觀察和詢問一切與法醫有關的問題，甚至連法醫們究竟有什麼特性也不放過，還親往殮房旁觀臨床解剖，作者那份全情投入的態度是我始料不及的。

　　為了令本書內容豐富和吸引，作者還跑到政府檔案館和大學，尋找香港今昔案件的新聞報道、法庭報告和死亡報告等資料，並參考一些法醫學典籍，推敲驗證有關的案情，然後嘗試透過不同類型的命案，為讀者引見法醫學的不同領域，希望讀者會享受作者為大家準備的這個法醫學旅程，感受作者那份熱誠。

馬宣立醫生
二〇〇二年

自序

此書部分故事是由具普遍性的案件綜合改編和馬宣立醫生口述案件作為基礎而撰寫出來，包括「稚子無辜」和「寂寞暮年」的首兩個故事；有些個案則根據已開封的政府檔案來改編，包括「青春有悔」的〈謎〉、「愛恨交纏」的〈綠帽恨〉和〈愛情代價〉、「群情洶湧」的〈生死時刻〉和〈火紅年代〉，這些案件均是發生在五、六十年代；餘下的故事則是集報章報道、書籍和法醫的專業意見寫成。讀者可能已熟知部分個案涉案人的背景，但下文的涉案人名字仍以化名代替，以減輕對他們的影響。由於部分案件資料不足，案情細節或會按需要而略有增補改動，但案情的脈絡儘量保持原貌。

最後，藉此機會向曾協助此書面世的人士致以萬分謝意：

1. 促成此書和無條件給予無限量支持的法醫顧問馬宣立醫生；
2. 另一位法醫顧問黃偉傑醫生；
3. 協助修編和給予意見的任艷蘭；
4. 奔走四方協助資料搜集工作的葉雅雯；
5. 曾協助搜集案件資料的鍾婉儀、黎淑嫻和崔慧珊；
6. 一直支持我的爸爸、媽媽和眾親友；
7. 當然還有協助本書出版工作的 Thomas 和 Joyce。

吳月華
二〇〇二年十月

目錄

法醫

　　由卵子受精的一刻，直到生命終結，入土為安，人與人以任何形式的身體接觸而引致爭拗，只要牽涉到法律的訴訟，尤其是人命攸關的案件，法醫都可能成為一個關鍵的證人。

香港法醫歷程

法醫學的起源和發展

　　法醫學的概念直到二十世紀才被清晰地界定。最早的法醫學概念源自西方，但第一本現存的、有系統的法醫學著作卻是由中國人於一二五一年出版的《洗冤集錄》，比意大利人 Fortunato Fidele 寫的第一本法醫學專書還要早三百多年，但當時的中國人卻沒有法醫學這個概念。

　　《洗冤集錄》的作者宋慈是中國南宋時期的湖南省提點刑獄，是當時最高的司法官，即現今的首席法官。宋慈眼見封建社會草菅人命屢見不鮮，為官者審案又草率行事，於是出版此書，訂立多項調查命案的規定，並親身監察下屬包括仵工（仵作）的工作，嚴懲不盡責的官員，令枉死者與被誣陷者得到翻案的機會。此書出版後，頒行全國，成為官員審理案件必備的參考書，其後曾多次增補，更先後譯成日、韓、法、德、荷、英文等版本。

　　《洗冤集錄》是本有系統而涵蓋全面的法醫學著作，唯一的遺憾是缺乏解剖理據，原因大概是中國人的傳統思想作祟，認為死後要留有全屍，而法律上亦不容許對屍體進行剖驗。這個傳統（或許是缺陷）一直延續至上世紀的香港。

香港法醫科的成立

一九四九年前，驗屍一直是由有經驗的仵工負責，他們只會從死者的表面傷痕作判斷，並不會進行解剖的工作，更不會在法庭上回答有關法醫學的問題，當時法庭上的醫學問題全由政府醫生回答。

四十年代末，一位經過戰火洗禮的醫生，看見戰爭時與戰後蕭條的社會，出現大量不人道的情況，每天有人餓死，有人被蓄意殺害，有的死得不明不白，有的明知兇手是誰，但仍被兇手巧妙地逃脫罪名。所以當他在九龍醫院急症室工作時，他除了竭盡所能拯救病人，也同時努力地替接觸到的死者在法庭上提供他的專業意見，希望盡力令每一位受害人得到公平的對待，維護人類的尊嚴。一九四八年，他因處理一宗強姦案時表現出色，因而得到一個很好的發展機會，被港府送往英國接受十一個月的法醫學訓練，成為本港第一位法醫。他是彭定祥醫生。

彭醫生訓練期間，得到與 The University of Edinburgh 的 Sir Sydney Smith 和 Guy's Hospital 的 Sir Keith Simpson 一起工作的機會，而彭醫生與 Guy's Hospital 的良好關係，令香港的法醫往 Guy's Hospital 深造亦成為傳統，但近年的法醫已選擇不再往英國深造，只在香港接受專業訓練。

法醫在十九世紀末已在英國出現，但很多地區直到

很後期才成立法醫科。香港已是東南亞較早有法醫科的地方，而且制度頗見完善。一九四九年，彭醫生學成歸來，成為專業的警隊外科醫生（police surgeon），隸屬於衛生署。到一九五六年彭醫生的職銜才正式改為法醫（forensic pathologist）。起初整個部門只有彭醫生一人，無論香港、九龍、新界，全港的命案都由他一人進行驗屍的工作，奔走各個案發現場，他從早到晚上山下海，到不同的案發地點，上不同的法庭提供他的意見。直至一九五九年，才有另一位受過訓練的法醫王陽坤醫生，與彭醫生分擔工作。

彭醫生知道一個人的力量有限，他不辭勞苦地到香港大學當兼職教授，使法醫學成為醫學課程的其中一部分，鞏固醫學生的法醫學觀念之餘，也讓學生們認識到醫生在法庭作供或提供正確專業意見的重要性。現時法醫科已不是本港醫學院的必修課程，只是選修的科目，好處是可以讓有興趣的學生對法醫學有較深入的認識，這情況跟其他國家如英、美、澳洲的醫學院相同。

法醫科成立的初期，彭醫生的工作範圍還包括一些科學鑑證的工作，如檢驗血型、頭髮，甚至筆記簿等證物。一九五一年，彭醫生協助警方成立化驗所，但要到一九九二年，政府化驗所的法證事務部成立後，警隊的科學鑑證化驗工作，才完全交給政府化驗所辦理，但辦識指紋、關於鎗械和彈道的法證工作仍由警隊負責。彭醫生運用不同的科學方法，結合醫學、科學與法律知識協助破案，是香港法醫學的拓荒者，為香港法醫學累積

不少經驗。一九七三年，彭醫生退休，才將重任交給接任的法醫科顧問醫生王醫生。

工作範圍

　　要成為法醫，並不容易，首先要考取一個普通科醫生的資格，然後在法醫科受訓三年，期間會在法醫科導師的指導下，進行一般臨床解剖的工作。受訓三年後，可參加由香港病理學專科學院舉辦的法醫學考試。考試成功後，會再接受三年的進階訓練，包括到醫院接受六個月的病理學訓練，主要是熟習使用顯微鏡的工作，餘下兩年半的法醫學訓練是進行一些較複雜的臨床解剖工作，如一些可能涉及醫療事故的個案等。完成三年進階法醫學訓練，便可參加另一個香港病理學專科學院的法醫學考試。考試及格後，便成為香港醫學專科學院的法醫專科醫生，可在醫務委員會登記成為專科醫生。現時衛生署聘請了十七位法醫，其中三位為女性。他們的主要工作是替政府部門在醫學鑑證問題上提供病理學和臨床醫學意見。還有一位法醫現職於香港大學醫學院，負責教學與法醫學研究的工作，他亦可給予衛生署法醫以外的法醫學意見。

　　各地法醫的工作範圍各有不同，香港法醫的工作較廣泛，並不如一般人所想，每天只對着屍體做解剖的工作，其實他們也需要作活體檢查。部分地區如英國，法醫則只負責解剖的工作，活體檢查會交由普通家庭醫生

負責。原則上，香港的醫生亦可做活體檢查，只是習慣上會交由法醫負責。由於近年香港已有女法醫，受害人（特別是性侵犯案的受害人）是可以要求由女法醫進行活體檢查。本地法例規定，凡在《死因裁判官條例》列舉的二十種情況下死亡（見下文），死者的屍體均需進行解剖。在某些國家如日本，除了懷疑他殺的案件，其他的個案要得到家人的同意，才能解剖死者遺體。在香港，這個決定權落在死因裁判官身上，他們是按條例決定死者是否需要進行解剖，因此，本港法醫的解剖經驗相當豐富。

二十種須予報告的死亡個案

- 醫學上未能確定原因的死亡
- 死者死亡前十四日內並無得到診治（死亡前已被診斷為有末期疾病的患者除外）
- 意外或受傷導致的死亡
- 罪行或懷疑罪行導致的死亡
- 施用麻醉藥導致死亡，或在接受全身麻醉期間死亡，或死亡在施用全身麻醉後二十四小時內發生
- 手術導致死亡，或死亡在大型手術後四十八小時內發生
- 職業病導致死亡，或該人的死亡與其現時／以往的職業有直接／間接的關聯
- 死於胎中的個案
- 孕婦在產嬰／墮胎／流產後三十日內死亡

- 主因不明的敗血症導致死亡
- 自殺身亡
- 受官方看管時死亡
- 在具有逮捕或拘留的法定權力的人履行職責的過程中死亡
- 在政府部門的處所內死亡，而該部門的公職人員有法定的逮捕和拘留權
- 法例指定的某類精神病人在醫院或精神病院內死亡
- 在私營照料院所內的死亡
- 殺人罪行導致的死亡
- 施用藥物或毒藥導致的死亡
- 受虐待、飢餓或疏忽導致的死亡
- 在香港境外的死亡，而屍體被運入香港

　　法醫的工作地點主要有四個：案發或屍體被發現的現場或醫院、殮房、警察總部和法庭。由於需要法醫協助的案件大多是嚴重罪案，死者的屍體或受害人的生理狀況會因時間改變而有異，所以法醫們要分秒必爭。罪案現場有最多罪犯與受害人作身體接觸的證據，同時亦可根據現場的環境，估計死者的死亡時間、地點、死因與死亡分類[1]，所以法醫是二十四小時輪班工作的，日間會分別在香港、九龍和新界三區當值，晚間則由一位法醫包辦全港的罪案現場工作。

1　死亡分類是根據死者的死因，判斷這宗涉及人命的案件，是由於自殺、他殺、意外，還是自然死亡造成，方便警方確立調查工作的方向。

法醫最廣為人知與專業的工作是屍體解剖，解剖工作會在公眾殮房或醫院的殮房內進行。早於一九〇四年和一九〇七年，政府已分別在港島和九龍設立公眾殮房，但兩間公眾殮房曾一再重建，現時港島的域多利公眾殮房位於堅尼地城，而九龍公眾殮房則設於紅磡。隨着二〇〇五年九月五日葵涌公眾殮房啟用，九龍公眾殮房只作後備之用，二〇一九年一月便曾啟動備用儲存遺體設施。正在重建的大圍富山殮房則於一九八九年成立。眾殮房中以葵涌公眾殮房最大，可存放二百二十具遺體，港島的域多利亞公眾殮房、九龍和富山公眾殮房的遺體存放量分別為六十、七十二和一百六十八。除法醫外，在醫院內死亡的個案，亦會由醫院內的病理學醫生進行解剖。

　　至今仍有很多中國人對解剖很抗拒，曾經有死者家屬跪求法醫不要替家人進行解剖，但解剖與否不是由法醫決定，而是由死因裁判官決定，不過家屬可以上訴。除非有充分的理據證明死者死於自然，否則死因裁判官在一般情況下都會下令進行解剖。解剖的目的主要是查明死因，因為很多時候致命的原因並非在身體表面可見。確定死因對死者、死者家屬或疑兇也有好處，除了有助為死者尋找真兇，以及替無辜者洗冤外，有時死者患有的遺傳病或潛在疾患也可能在解剖時驗出，令在世的親友有所警惕。若死者是死於傳染病，透過醫學研究，更可能為公眾提供治療的方法，同時亦提高市民對該傳染病的防範意識。

數據顯示，解剖與呈報死亡個案的比率從二〇〇三年接近50%，已下降至二〇一八年少於30%（見表1），原因是家屬豁免解剖的申請和成功率逐漸提升。

　　解剖五體俱全、明確身份的死者屍體是法醫相對較輕鬆的工作，因為解剖前，法醫會先會見死者家屬，知道死者的過去病歷，有助解剖與確定死因的工作。一些身份不明的殘肢、焦屍或腐屍的解剖才是他們最艱巨的工作，他們需要確定死因之餘，更要確定死者的身份。而且面對這類的屍體，尤其是腐屍的惡臭，即使見慣恐怖場面的法醫，有時也難以忍受。

年份	呈報死因庭個案數目	解剖個案數目	解剖比率（%）
2003	9,315	4,621	49.61
2004	9,108	4,070	44.69
2005	9,506	3,951	41.56
2006	9,025	3,437	38.08
2007	9,422	3,793	40.26
2008	10,314	4,243	41.14
2009	10,070	4,187	41.58
2010	9,999	4,261	42.61
2011	10,017	4,021	40.14
2012	10,472	4,112	39.27
2013	10,249	3,935	38.40
2014	10,598	3,638	34.33
2015	10,767	3,419	31.75
2016	10,773	3,465	32.16
2017	10,768	3,245	30.14
2018	10,976	3,093	28.18

表1：二〇〇三年至二〇一八年解剖個案與呈報死亡個案數目之比率

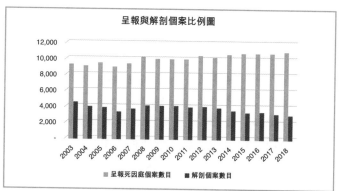

圖1：二〇〇三年至二〇一八年解剖個案與呈報死亡個案數目之比例圖

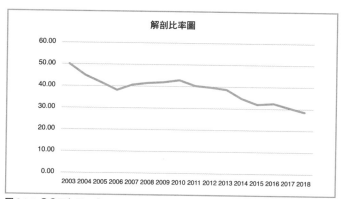

圖2：二〇〇三年至二〇一八年解剖個案數目之比率

　　法醫除了要面對別人的生死，有時更要將自己置於
高危的環境下，因為他們或需要解剖因傳染病致命的屍
體。其中以由空氣傳播的傳染病如肺結核（tuberculosis）
最危險，因為一個人是不可以停止呼吸的，而這方面的

預防措施亦是較難做到能完全避過病菌的侵襲。此外還有可透過傷口感染的傳染病,如肝炎(hepatitis)和愛滋病(即後天免疫力缺乏症,acquired immune deficiency syndrome)。解剖懷疑染上傳染病的死者或會引起強烈反應的遺體如腐屍時,法醫會加倍小心,多穿防禦物如手套、口罩等,並會在一間特別設計、加強了通風裝置的解剖室內進行,亦更注重解剖後的消毒,以減少感染和將傳染病擴散的機率。近年新興建的解剖室都已有負壓設計,負壓解剖室內會有特別解剖室和可用作解剖器官的通風櫃,形成雙重保護。離開解剖室前亦設有消毒池,以儘量減少解剖室內工作人員感染的風險,但即便如此,風險仍難完全避免,由此可見法醫是一項非一般的工作。

設在警察總部的法醫科,是法醫的另一個工作地點。法醫科設在警察總部或警署內,主要是方便押送疑犯。法醫會在警署內替受害人或疑犯套取活體樣本,包括血液、精液、口水、頭髮、指甲和皮膚等體液和身體組織。如有需要,法醫亦會到醫院進行相同的工作。在警署的法醫科內,亦會進行上述的身體組織和骸骨樣本的化驗工作,其他的化驗會送往政府化驗所內進行。直至八十年代,警察總部的化驗室內仍收藏了一些曾作證物的人體器官與骨塊的標本,如六十年前轟動一時的「三狼案」中從肉參黃應球割下的耳朵,這些標本有助年資較輕的法醫加深對法醫工作的認識,以及作為研究的資料,但這些樣本現時的去向則未能查考。

法醫最重要的工作是協助警方將真兇繩之以法，所以他們經常要往法庭作證，其中最常到的是死因研究庭（簡稱死因庭）與高等法院（簡稱高院）。遇到沒有目擊者或死者突然死亡的案件，他們的證供更可能成為唯一的線索。本港很多著名案件，也是由他們與執法部門和法證事務部（簡稱法證科）合作破解，如跑馬地灶底藏屍案、寶馬山雙屍案、雨夜屠夫案、紙盒藏屍案等。

法醫工作的意義

　　彭醫生在他的一篇著作中提到，罪案是一隻多頭怪獸，無處不在，深入人生每一部分，牠向社會公眾、法官、律師，甚至罪犯本身等展現了問題的存在。因此罪案本身是誘發大眾去面對，以及解決這些問題的一種方式，絕不能輕視這些問題的存在。

　　近年本港的案件愈來愈恐怖，人性亦愈見殘酷，很多兇徒只為小事便殺人，更甚者只為滿足自己的獸慾而殘害他人。最可悲的是有些兇手行兇後仍無動於衷，甚至沾沾自喜。無論兇徒多麼殘忍，無論受害人多麼無辜可憐，法醫的工作是運用他的專業知識，冷靜地分析和推斷出案件發生經過，令有罪的人得到懲罰，含冤者不被誣陷，無辜的人得到安慰或安息。

　　以下就讓讀者從涉及不同人士的案件來瞭解法醫的工作，同時亦希望讀者能從中發掘罪案背後的種種問題。

CHAPTER 1

稚子無辜

有動物學的研究指出，在生物世界裡，大多數生物在幼年時都具有可愛稚嫩的臉孔，令同類看見了，不會為滿足一己生存的慾念，而殘害同類，以防止自相殘殺而造成滅種。在人類世界，這種心理該稱為惻隱之心，可是這心理在現代社會日漸瓦解，虐兒的個案比比皆是，且虐待方式層出不窮。按虐待方式可歸納為四類：身體虐待、性侵犯、疏忽照顧和精神虐待，而受害人受傷害的程度各有不同，有人因而終生殘障，有人因而一輩子籠罩在無法磨滅的陰影下，影響一生，最嚴重的更剝奪他們生存的權利。

抑鬱的母親

　　陽光照耀下，一個瘦削婦人的剪影坐在殮房外的公眾長椅。婦人的頭垂得很低，束起的頭髮有點亂，臉上雖掛着一抹愁雲，卻異常地十分平靜，平靜得實在有點令人不安。據警方說，她一直默默地坐着沒有開口。婦人叫阿蓮，是死者敏敏的母親，敏敏出生只有四天，是她的三女兒。她的丈夫阿雄，正在辦理手續。阿雄人如其名，是個雄起起的中年男子，對於敏敏的死雖然悲傷，但反應也頗平靜。

　　法醫一般會在解剖前先會見死者家屬，負責解剖敏敏的法醫馬醫生正在向阿雄解釋解剖的目的和程序，並且詢問一些關於死者的簡歷。敏敏只有四天的「歷史」，她的出生很順利，很快便跟媽媽回家，但回家後第二天，敏敏便出事。事發時，阿雄正送敏敏兩位姐姐秀秀、麗麗上學。阿雄從學校回來，只見阿蓮哭聲嗳嗳，詢問再三，才知道敏敏出了問題，阿雄於是立即送敏敏往醫院，可惜送到醫院時，敏敏已經死了。經馬醫生解釋後，阿雄亦同意讓法醫替敏敏解剖。

　　敏敏「乖巧」地躺在解剖床上，樣子十分安詳，恍似哀求馬醫生不要解剖她。馬醫生為了瞭解她的死亡原因，還是狠下了心，進行解剖。解剖結果發現敏敏有肝裂，但沒有出血，傷勢並不明顯，不是致命的傷。馬醫生只記下這個傷勢，並未能推斷出敏敏的死因。當馬醫生解剖敏敏頭部時，發現敏敏頭骨骨塊中間有不尋常的骨裂現象（見圖 2），應該是受猛力撞擊所致，跟嬰孩發育未完成，頭骨之間的裂縫有別。綜合上述的解剖發現，敏敏的死有他殺的可能。馬醫生立刻通知當值警員，請警方作進一步調查，同時亦請來警方攝影師拍照以作記錄。

　　根據調查所知，敏敏出事時，只有阿蓮與敏敏在家。假如阿雄沒有說謊，本案的關鍵應在阿蓮身上。阿

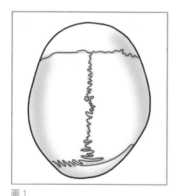

圖 1

成年人頭骨骨塊是緊合無縫隙的。

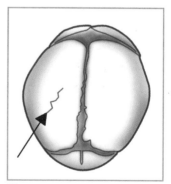

圖 2

嬰兒的頭骨骨塊尚未接合，骨與骨之間的縫隙只由薄膜連接。敏敏的不尋常頭骨骨裂處是骨塊中間的箭嘴位置。

蓮數年前從國內一條偏遠鄉村嫁來香港，據她丈夫阿雄說，阿蓮只會說鄉言，連阿雄也不大會那種方言，只懂幾句簡單的片言隻語與阿蓮作日常溝通。敏敏死後，阿蓮更是連一句話也沒有說過，即使警察詢問她，她也只是低首不語。

由於敏敏頭骨有上述的不尋常骨裂，死因庭裁定她死於非法殺害（unlawful killing by person unknown），但死因庭的工作只是替死者找出致死原因（包括非直接致死原因，如一些導致死亡的不利環境或制度），也會建議一些防止相似慘劇再發生的措施，但死因庭是不會起訴任何人。

警方經進一步調查，發現麗麗的頭部也曾受過類似的傷，而且需要動手術。據麗麗的主診醫生說，麗麗明顯是受傷後隔了一段時間才被送入院治理。在同一個家庭內，有兩名小孩有近似的嚴重傷痕，確令人起疑。再加上阿蓮於敏敏死後不尋常的沉默表現，馬醫生為了秀秀和麗麗的安全起見，建議警方起訴阿蓮，亦希望藉此讓阿蓮得到適當的輔導。

警方將案件提交裁判司署審理。在裁判司署內，馬醫生為敏敏的死因提出疑點，以及他殺的可能。[1] 由於四

1　現時程序已簡化，法醫只須提供有關的證供文件予裁判司，毋須往裁判司署作供。

日大的嬰兒沒有自行攀爬的能力，所以排除從床掉下的可能，而以敏敏的骨裂情況，估計由至少三呎的高度跌下所致。案發時只有阿蓮在家，所以阿蓮的嫌疑最大。再者，雖然事發後阿蓮的情緒看來十分穩定，但有跡象顯示她會有再續前科的傾向，秀秀、麗麗的生命會隨時有危險。經過馬醫生和警務人員一整日的努力，案件最終仍能順利上呈高院。

在高院，馬醫生與當時的主控官開了多次會議，討論敏敏的案件，主要集中討論數個重要問題。第一，敏敏頭骨骨裂是如何造成，是意外？還是阿蓮呢？在文獻上，只有德軍在第二次世界大戰時，用嬰兒屍體作過一次實驗，證明十八吋的高度足以令嬰兒頭骨骨裂，但這種不人道的實驗是不可能再進行的，所以沒有數據證明敏敏的頭骨骨裂必定是受猛烈撞擊所致，因而無法完全肯定頭骨骨裂是人為所致。至於阿蓮方面，她一直沒有告訴過任何人事發時的情況，加上阿蓮的鄉言在香港無人能懂，她是否明白警方的查問也成疑，也因此不能找出她作供的疑點。

第二是有跡象顯示麗麗也有曾被虐的可能，但這不能作為阿蓮殺敏敏的證據，揣測麗麗、敏敏的傷勢與阿蓮有必然關係，對阿蓮是不公平的，於法不容。最後是阿蓮殺敏敏的動機，曾有人提出阿蓮殺敏敏的動機是因為阿蓮的傳統思想不喜歡女兒，偏偏她生三個都是女

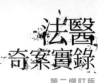

兒，家庭經濟又不佳，所以痛下毒手。另一個推測是阿蓮患上產後抑鬱症，但有精神科醫生曾替阿蓮診斷，認為阿蓮精神有不正常的現象，卻不能斷定她是精神有問題，也毋須接受治療。基於上述的原因，主控官認為證據不足以起訴阿蓮。真相相信只有阿蓮及死去的敏敏才知道。可幸再沒有聽聞阿蓮其他孩子的噩耗。

美國曾有這樣的案例，一名母親在不同的州省利用嬰兒猝死綜合症（sudden infant death syndrome, SIDS），殺害近十名兒女。當法醫解剖最後一名受害嬰兒時，發現死因有可疑，才向該名母親展開調查。

一歲以下的嬰兒死亡，很多時候死因不明，這種情形通常會被界定為嬰兒猝死綜合症。因此嬰兒死亡的案件，通常很難判斷是自然死亡，還是死於他殺。正所謂虎毒不吃兒，這名母親何故能痛下毒手？原來在她第一次失去孩子時，得到周遭親友的特別呵護，因而患上了心理學上的照顧者假裝兒童生病求醫癖（Munchausen's syndrome by proxy），所以她便不停殺死孩子，以博取眾人的關注。

根據香港法律，媽媽殺死自己的嬰兒，可以被控謀殺，也可被控殺嬰罪，兩項控罪的刑罰有天淵之別。謀殺罪成會依例被判終身監禁，但殺嬰罪的刑罰與誤殺罪相同，雖然最高刑罰依然是終身監禁，但法官判殺嬰罪

通常刑期會較輕，甚或不用受牢獄之苦。構成殺嬰罪最重要是證明媽媽精神有問題，如患產後抑鬱症等。

　　同情心令很多人認為對死了嬰孩的媽媽要多加體諒，避免向媽媽調查嬰兒的死因，一再提起嬰兒死的事，對媽媽太不人道了。適當的同情是應該的，但法醫跟一般人不同之處是他們必須抱着一個信念，即使多麼值得人同情，仍要客觀地從死者身上尋找蛛絲馬跡，在庭上提出中肯的證供。因為瞭解事實的真相，才是避免不幸事件重複發生的正確方向。

搖魂曲？

　　賢仔是一個健康活潑的嬰兒，看見他手舞足蹈，媽媽梁太恨不得不用上班，每天在家逗他玩，但經濟上不容許她待在家中，梁太只好將他交給照顧賢仔哥哥的菲傭Samantha。Samantha帶賢仔哥哥前，已是兩名孩子的母親，是個照顧嬰兒的能手，餵奶洗澡樣樣也做得很稱職，而且很勤快，梁太對她的工作表現十分滿意。因此梁太懷孕時，已跟Samantha商量，不再另請一位褓姆照顧新生嬰兒，並重新安排她的工作，以便她能有充分的時間照顧兩名孩子，Samantha也同意這個安排。但今天梁太對這個決定開始有點懊悔。

　　坐在馬醫生面前的梁太一臉倦容，強裝出來的平靜怎也掩飾不了她用理智壓住的哀傷，坐在她身旁的是敦厚友善的梁先生。馬醫生首先如常講解會面的原因，梁氏夫婦的情緒並沒有太大的波動。當問到賢仔的健康狀況，梁太禁不住淚如雨下，因為她想不透為何出生以來，從沒生過病的賢仔怎會剎那間昏迷逝世。梁先生一邊遞紙巾，一邊安慰太太，一邊回答馬醫生的詢問，免去梁太因回答問題而情緒更低落。梁先生表示賢仔死前

的一晚，與賢仔玩耍時，也沒發現他有任何不尋常的現象。

可是據 Samantha 所述，賢仔出事當天忽然嚎哭，然後不久便手腳僵硬，最後更昏迷不醒，動也不動。Samantha 嚇得立即致電梁太，梁太囑 Samantha 立刻送賢仔往醫院。梁太趕往醫院時，賢仔仍沒多大起色，也不知病因，梁太可以做的只有伴着昏迷的賢仔。可惜過了數天，賢仔始終離她而去，結束他短短四個月的生命。既然賢仔的死毫無先兆，馬醫生知道瞭解賢仔死亡真相的重責便完全落在他身上。

從解剖結果得知，賢仔的死因是腦出血，是大腦與頭骨間的血管斷裂，眼底、瞳孔亦有少許出血現象，腦部腫得很厲害，但身上沒有其他傷痕或骨折。嬰兒腦出血的自然病因主要有四種，一是生產過程所致的創傷，二是疾病，三是先天性血管畸形、血管本身容易破裂出血，四是腦部受到病菌感染。馬醫生細心地檢查賢仔的身體其他器官，並沒發現任何上述病徵或先天缺陷的情況。同時，亦不見由意外所造成的頭骨裂或其他的傷痕，唯一有可能解釋上述情況的成因是搖晃嬰兒綜合症（shaken infant syndrome）。

搖晃嬰兒綜合症通常發生在兩歲以下的嬰兒，因為他們頭部比例較大，頸的發育未完成，頸部肌肉還很脆

弱，血管較幼，容易破裂出血。若他們被長期或猛力搖動，大腦在頭蓋骨內擺動，拉動兩者之間的血管，血管缺乏彈性，很容易會斷裂，造成腦部出血，但也可能過了數月才發現，而當發現時可能已對嬰兒造成永久性的傷害，如失明、發育不健全、變成植物人，甚或死亡。除了腦出血，間或會有骨髓受損，眼球出血，甚或視網膜脫落。

若是賢仔在短期內死亡是由搖晃嬰兒綜合症所致的話，其所受搖晃的力度會頗大，而嬰兒的血管幼小，皮膚又薄，賢仔身上必定會有給人抓過的瘀痕，但馬醫生並沒有在他身上找到任何的瘀痕。若其曾受長期搖晃的話，血管斷裂，血液供應停止，令腦部細胞缺氧，同時溢出的血液會凝成血塊，壓着腦神經，其間賢仔應有或多或少的徵狀，如嘔吐、神情有異、活力明顯減少等。以梁氏夫婦對賢仔的疼愛程度，應會在出事前已發現賢仔的不正常情況。因此馬醫生認為沒有足夠證據顯示賢仔是死於搖晃嬰兒綜合症或其他的疾病或傷痕，他只好在解剖報告上填上死因不明。

梁太起初也曾懷疑過 Samantha 有虐兒的可能，因為賢仔出事時，只有她和賢仔哥哥在場，而她又是賢仔的主要照顧者，但當她心情平復後，與梁先生討論過，認為 Samantha 是不會虐待賢仔。因為他們與 Samantha 相處多年，深感她善良賢淑，平常對小孩的照顧又非常

細心，也肯接受他們的育兒方針和照顧嬰兒的常識。賢仔喝完奶，她還懂得替賢仔掃背，防止他嘔吐，對賢仔猶如自己的兒子一樣，絕不會粗暴對待賢仔，更何況她已替梁家帶大了一名孩子，也沒有出過什麼問題。再加上梁氏夫婦平時跟賢仔哥哥聊天，談及日常的生活細節，他也沒有投訴過 Samantha 待他或弟弟不佳。況且 Samantha 自己也已為人母，自然明白作為父母的心情，照顧賢仔，也可聊慰子女不在身邊的失落。梁氏夫婦又待她不薄，主僕關係融洽，她又是家中的經濟支柱，對工作一定會小心翼翼，因此她並沒有加害賢仔的動機。

梁氏夫婦雖感賢仔的死有點不明不白，但仍接受賢仔的「死因」，沒有怪到 Samantha 的頭上，因悲憤而失去理智地將責任搪塞給別人，這是基於主僕之間的信任，以及因梁氏夫婦明白事理，知道嬰兒猝死的原因可以很多，不予追究，繼續聘用 Samantha。

傭人會否被起訴虐兒，關鍵在於死者父母的決定。因為出事時，多數只得死者、傭人，間或有死者的兄弟姐妹，並沒有成年的目擊者，所以大多起訴證據不足。除非死者父母堅持起訴，否則很難成功將疑兇控告。

報章上常刊載傭人虐兒的案件，讀者多會不自覺地集中看傭人如何殘酷對待小主人的部分，卻很少留意僱主如何刻薄傭人。當然對施暴者不應姑息，但僱主對傭人的對待不合理，以及向她們施加的壓力也不可忽視。

母親的抉擇

五十年代……

> 粵語片影圈新人
> 伍雅儀墮胎殞命
> 警方昨通緝兩人……
> (《工商日報》)

六十年代……

> 棄嬰成為嚴重社會問題
> 從上月下旬起平均每日有一宗棄嬰案在北九龍裁判
> 署申請保養……女方一旦懷孕,不是秘密墮胎,便是生
> 下嬰兒後即棄置街頭。
> (《香港全紀錄》)

七十年代……

> 樓梯間棄嬰惹官非
> 未婚媽媽被控
> 被告認罪謂遭人遺棄無法養子
> (《明報》)

八十年代⋯⋯

　　芳姨一手挽着一個藍白色的大膠袋，一手扶着面色蒼白的阿怡，來到醫院的急症室，慌張地輕聲跟登記的護士說，阿怡剛在家中生產完，想請醫生替她檢查。護士望向低着頭的阿怡，看她一副學生模樣，懷疑她未滿十六歲，於是詢問她的年齡，芳姨代她回答說只有十四歲。護士知道事態嚴重，再問她孩子怎麼樣？芳姨將大膠袋遞給她看，只見袋內血肉模糊，傳出陣陣的異味。護士感到一陣嘔心，然後帶點驚慌地請來在醫院當值的警員，向芳姨問話，自己則帶阿怡入內讓醫生替她檢查。整個過程，阿怡沒有說話，任由身邊的人替她安排一切。

　　阿怡的父母數年前已離異，她與父親同住，但父親經常不在家。芳姨是她的契媽，她有什麼解決不了的事情，從來不會找媽媽商量，因為她覺得媽媽總是看不慣她做的任何一件事，所以她只會找芳姨幫忙。這次出了事，她想了很久，什麼主意也沒有，才去找芳姨幫忙。至於孩子的父親是誰，則連芳姨也不知道，阿怡亦一直不肯向任何人透露，因為她知道她未滿十六歲，孩子的父親需要負上法律責任，她不想毀了小男友的前程，她願意為他犧牲。

　　因為這件事情已牽涉到一條人命，所以找孩子的父

親並不是首要的工作，反而是孩子出生時是生還是死，才是最重要。若孩子出生時是生，那麼阿怡便要面臨被控殺嬰罪，甚至謀殺罪。法醫的結論顯然又是此案的關鍵。

法醫接觸到的嬰兒屍體已開始腐化，他先細看嬰兒的肚臍，看看它是被切斷，還是被扯斷，傷口有否變紅或腫脹等受傷時的生命反應。可是嬰兒屍體已開始腐爛，很難準確斷定肚臍傷口反應。可以肯定的是嬰兒出生前或出生不久後便死亡，因為肚臍尚未變乾和脫落。臍帶一般在嬰兒出生後數天便會變乾，然後脫落，變成肚臍。法醫接着解剖嬰兒，沒有發現任何不正常的徵狀，排除了胎死腹中、先天性畸形（congenital anomalies）和任何感染致死的可能。

要知道嬰兒出生時是生還是死，肺部的情況是最佳的指路明燈。嬰兒從瓜熟蒂落一刻開始，首先會呼吸，空氣進入肺部，令肺部組織擴張，肺部會變大，使肺部的邊也變得較圓。呼吸過的肺部顏色會較鮮紅，並呈現斑點。呼吸過的肺部，密度會降低，因此傳統的法醫學會進行浮水測試（floating test），將嬰兒的肺部放在水中，若肺部浮起，便證明嬰兒出生後曾呼吸。這種測試後來被證實不太可靠，有很多情況會影響到測試的結果，如身體腐壞時產生氣體、急救時輸入氣體或解剖時

擠出肺部的氣體等，都會令浮水測試出現錯誤的結果。現代的法醫主要以觀察顯微鏡下的肺部組織，來斷定嬰兒出生時曾否呼吸過，藉以估計嬰兒出生時是生是死。

法醫從嬰兒的肺部組織的擴張程度與肺部的形狀估計，阿怡的嬰兒出生時應該是活的。又根據嬰兒的屍身已呈藍色，法醫懷疑嬰兒是死於窒息。可是屍體已開始腐爛，所以法醫很難從屍身顏色去確定嬰兒是死於窒息，更不能判斷那嬰兒死前曾否呼吸過。即使嬰兒是死於窒息也不能確定是人為，還是生產過程所造成的。因此法醫既不能判斷嬰兒出生時是生還是死，也沒有足夠證據推斷出嬰兒的死因。

阿怡接受婦產科醫生的檢查，證實她確是剛生產過，但身體並沒有大問題。剛生產過的女性，子宮會下墜至恥骨，腹部會充血和出現呈紅色的凹槽，子宮頸會較軟、擴張和出現新的傷口，乳房會在生產後約三天變得豐滿和滲出乳液。婦產科醫生檢查過阿怡的身體狀況，估計嬰兒出生時可能是難產，所以嬰兒有可能在生產過程中死亡。未成年的產婦是很容易出現難產的情況，首先因為這是她第一次生產，身體的變化未完全配合生產的需要；其次她們對生產過程沒有基本的知識，沒有作產前的準備，如產前檢查、產前運動、培養良好的生理和心理狀況等。

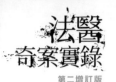

　　基於以上的原因，警方認為沒有足夠證據起訴阿怡，阿怡因此得到一次自新的機會，而阿怡的男友亦始終未有出現。

九十年代⋯⋯

　　天邊漸漸泛起一輪銀光，大部分的人仍在酣睡中，祥嬸已拖着她那個滿滿的篋籮在街上四處奔波，打開一個個的垃圾箱，忙碌地清潔香港，為市民服務。當她走過一條寂靜的後巷，看見遠處有一團紅色的東西，好奇心驅使她走近看看，竟是一名棄嬰，而且相信已斷了氣，祥嬸立刻致電報警。

　　警務人員接報趕到現場，證實嬰兒已死，便將屍體送往殮房。警員看見嬰兒死去不久，相信嬰兒的媽媽應仍留在屋內，於是在發現屍體附近的樓宇，挨家逐戶進行調查，看看有沒有剛生產完的婦人。警方在一個天台單位內，發現了阿瑛。阿瑛面色蒼白，神情惶恐。警員查問了她幾句，她慌亂間承認曾將自己的嬰兒擲下街。警員將她拘捕，並送往醫院檢驗。

　　法醫替嬰兒進行解剖前，先檢查他的身體，發現赤裸的他身上仍沾滿血漬，身體仍連着胎盤和臍帶，是嬰兒剛出生的模樣。他的頭部前額、背脊和膝蓋也有瘀傷，並且瘀傷處出現骨折，相信是他被擲下時所造成。

嬰兒的瘀傷比成年人更容易辨認，因為嬰兒的皮膚較薄，而且皮下脂肪較多，加快從血管溢出的血液的擴散速度。法醫從骨折處發現有少量血液流出，這證明在造成骨折時，嬰兒的循環系統有可能仍在工作中，但由於流出的血液量不是很多，未能完全確定嬰兒被擲下時是否生存着。據瘀傷的顏色和擴散度（可參看第二章〈Shall We Talk〉一文），估計這些瘀傷應是生前造成的，但不能排除嬰兒是否處於垂死的可能性。法醫再解剖嬰兒，檢查他的肺部，發現他的肺部處於半擴張的狀態，這很難肯定他出生時是否活着，有可能是他出生後呼吸遇到困難，又得不到適當的照顧而夭折。

阿瑛向警方表示她一直不知道自己懷孕。因為她身材肥胖，又時常穿寬鬆的衣服，所以就連她的男友和與她同住的家人也察覺不到她懷孕。臨盆那天，她剛好在男友家中過夜。起初她以為自己肚痛，便到浴室如廁，想不到竟誕下一名嬰兒。事出突然，她未能接受自己誕下嬰兒的事實，不知道該如何處置他，驚慌失措之下，便將嬰兒拋出窗外，希望就此了結此事。她堅稱嬰兒出生時已死，才出此下策。由於控方無法在案件開審時確定嬰兒的死因，也無法提出有力的證據證明嬰兒是被阿瑛擲斃而非自然死亡，所以法庭應辯方的要求撤銷阿瑛的控罪。

縱使阿瑛沒有被控殺嬰罪，但她一年後在法庭聽到這件事時，仍不免激動地哭泣起來，而且她那一年來精神仍受到極大的困擾，一直需要接受精神治療。

廿一世紀……

清純女生斬女 10 刀不死
家中產嬰出事　被控企圖謀殺
（《蘋果日報》）

毒害下一代

　　在一個寒冬的晚上，Celine惶恐地抱着伶俐趕到醫院急症室，護士接過衣衫單薄的伶俐，立即與醫生搶救這條小生命。一個多小時後，伶俐未能逃過大難，證實死亡。

　　Celine抖顫的身軀已告訴了法醫，她知道自己闖了禍，她懊悔，但已太遲了。Celine是伶俐的母親，而且是她親手將伶俐抱來醫院的，法醫因此詢問她關於伶俐生前的狀況，以及伶俐死前的情況。原來伶俐一出生已染上毒癮，因為Celine是個吸毒者，自十四歲開始，從未間斷過，甚至懷着伶俐時，也沒打算戒毒，繼續過她虛虛浮浮的生活，伶俐沒有選擇的餘地，惟有在她的肚內，一起跟她「吸」毒，不知算是幸運還是不幸，她竟然順利地來到這個世界。

　　Celine在醫院誕下伶俐時，有醫務社工曾接觸過她，她表示會戒毒，以及與男朋友照顧伶俐。Celine許下的承諾並沒有兌現，她依然沒有戒毒，繼續過居無定所的生活。就這樣過了半個月，Celine只好抱着伶俐往找契爺何伯，並騙說伶俐是代人照顧的，何伯見伶俐這麼

可憐，於是收留了她，就像當日他看見 Celine 無人照顧時，收留了她一樣。雖然何伯沒有帶小孩的經驗，但仍盡力照顧伶俐，Celine 間中也往何伯家探望伶俐，總算讓伶俐過了個多月安穩的生活。

可是幸運之神沒有眷顧伶俐，她生病了。何伯於是找 Celine，着她帶伶俐去看醫生。Celine 身無分文，便問何伯借醫藥費。何伯見小孩病得可憐，幫得上忙的便幫，給了 Celine 千多元。Celine 拿了錢，本想真的帶伶俐往看醫生。可是身子不爭氣，途中忽然毒癮起，煎熬得她死去活來，心想還是買海洛英「應急」重要點。至於伶俐，Celine 心想小孩子生病總有的，該不會是什麼大事，自己跌跌碰碰也能活到這個年紀，遲些籌點錢才給她看病也不會礙事。

當晚氣溫只有十六度，Celine 買了維他奶餵伶俐，然後二人瑟縮在公園的暗角內睡覺，她好像很久沒與伶俐這樣親近過。沒多久，Celine 的毒癮又發作，望着懷中的伶俐，不知如何處置才好。最後癮起的她急得涕流滿面地抱着伶俐，走到附近的公廁內，將伶俐放在膝上，頭部背向她，再用濕紙巾蓋在她鼻孔，然後趕緊以「追龍」的方式吸毒，以解燃眉之急。滿足了自己後，看看伶俐也沒大礙。其實毒癮大發的 Celine 也顧不得伶俐會否吸了她的海洛英，只見第一次沒有發生什麼問題，便相信這個吸毒方式應該不會傷害伶俐，就這樣 Celine 安心地

一日吸了六次海洛英。

　　翌日 Celine 帶伶俐到快餐店，用牛奶餵伶俐，自己也吃點東西，不知不覺間便摟着伶俐睡着了。醒來的時候，伶俐的口鼻流出了牛奶，而且觸碰她也沒有反應，Celine 十分慌張，趕緊將伶俐送往醫院。

　　法醫聽過 Celine 敘述伶俐出事的過程，知道 Celine 曾與伶俐一起吸過毒，便特別注意由吸入過量海洛英引致的徵狀，如肺部積水、瞳孔縮小等。一般的情況下，吸入的海洛英（heroin，又名二乙酰嗎啡，diacetylmorphine）會溶在肺部的血液內，變成嗎啡（morphine），但沾了海洛英分子的雜質卻有可能未完全溶入血液，而仍以海洛英這種物質形式停留在肺部，所以肺部是這次解剖的重點器官。法醫解剖時抽取了肺部不同部分的組織，檢驗有否沾有海洛英。當然最重要是替伶俐抽血，以檢驗血液的嗎啡含量。因為吸入過量海洛英的死者，在血液裡會檢驗到嗎啡。法醫亦同時細心地檢查伶俐的身體各部分，以確定伶俐身上沒有任何的傷痕或骨折，並非死於其他原因。

　　化驗報告證實，伶俐血液裡的嗎啡含量極高，相信是 Celine 吸毒時，伶俐從口吸入嗎啡，加上她生前只喝了少量的維他奶，有少許缺水的跡象，令伶俐血液裡的嗎啡濃度更高，增加了嗎啡的影響力。其實肝臟是可以

將血液內的嗎啡分解成對腦部無影響力的物質,但剛出生的伶俐,肝臟未完全發育,再加上伶俐正在生病,令分解嗎啡的速度大幅減慢,使嗎啡大量積存在血液內,影響了伶俐的腦部,尤其是腦幹。腦幹是呼吸系統的控制中心,嗎啡有抑制呼吸的作用,使伶俐呼吸困難,以致窒息而死。

Celine 因此成為第一個因吸毒引致他人死亡而被控誤殺的人,而且罪成入獄,成為進入廿一世紀的一個「香港紀錄」。Celine 的無知,或許不會有很多人同情,但她其實也是受害人。Celine 來自一個破碎家庭,父母離異,本應由母親負責照顧她,但她母親沒有盡責,一走了之,使沒有經濟能力的 Celine 無處可居。Celine 當過售貨員、侍應,嘗試過掙扎求存,最終卻沉淪毒海,禍延下一代。

罪案本身是誘發大眾去面對，
以及解決這些問題的一種方式。

————

彭定祥醫生

CHAPTER 2
青春有悔

從《飛女正傳》（1969）到《童黨》（1988），再到《無人駕駛》（2000），不同年代的影片名稱，已反映了各個年代年輕人特質的變化。六十年代西方文化衝擊香港，年輕人有的成了懂得反思社會問題的有志青年，有的卻淪為「飛仔飛女」。八十年代年輕人愛聯群結黨，找認同，卻因此到處闖禍。新世紀年輕人已成了「無人駕駛」、失去理性的一代。各種似是而非的價值觀充斥社會，他們樂於沉淪在沒有規範的漫畫、電影、電子遊戲的虛擬世界內。在沒有適當的家庭、學校和社會的教育下，永遠只有在闖禍後始知懊悔。

謎

　　柔陽映在校園的青翠草地上，校園內本是一片寧靜，同學們正享受他們的假期，等待考試的結果。一位住在宿舍的社會系學生拿着一份報紙，與同學們在討論昨天一名穿迷你裙的少女橫屍浴室的案件。死者 Eliza 只有十七歲，被發現死在同居男友家中，死因眾說紛紜，有的更認定是青少年的放縱生活所致，也從而討論起六十年代的青少年問題。

　　Eliza 曾任香煙推銷女郎，喜歡結交異性朋友，愛好打扮，無心向學，常與摩登青年為伍，且曾犯高買罪被判簽保。死者亦試過離家出走達兩年，後來厭倦流浪生活，便託友人到家中游說，答應改過自新，獲得家人原諒才敢回家。不久 Eliza 又因父母反對她與外籍男友 Francis 來往而再度離家出走。

　　在父母眼中，Eliza 是個聰明漂亮的孝順女兒，只是個性固執，不聽人勸告。Eliza 父母見反對女兒拍拖無力，便改為登門向 Francis 提出婚事，可是卻遭對方母子以 Francis 年紀尚輕，未能自立成家而回絕。Eliza 從此住在男友 Francis 家，想不到與父母一別成永訣。

　　發現命案的是兇案現場戶主 Francis 母親，她當天與 Eliza 吃過午飯後，便離家上班。離開時，Eliza 還是好好的。晚上下班回家，發現鐵閘打開，大門虛掩，家中的電視開着，熒光幕在漆黑的客廳中閃爍着。她的心慌亂起來，邊往浴室走，邊叫喚 Eliza 的名字。Francis 母親走到浴室門前，Eliza 仍舊沒有回應，只見有個人影在內。Francis 母親立即開燈看個究竟。她看見 Eliza 伏在地上，這情景把她嚇慌了，立即從自己的房間取來毛氈替 Eliza 包裹着，然後打電話報警。

　　當救護員來到現場，未能證實 Eliza 是生是死，正準備將 Eliza 送往醫院之際，在走廊遇上抵達的警察。警員發現 Eliza 身體冰冷和僵硬，憑經驗相信 Eliza 已歿，便要求救護員不要移動死者。

　　警員發現在案發單位客廳內一個櫃旁的地氈和一個紙盒上，有一灘血漬。血漬旁有一把電風扇、一個電爐和一個茶几狼籍地躺在地上，但電風扇的插蘇卻不見了。負責搜索的探員，在案發大廈附近的後山尋獲一條連有插蘇的電線，經 Francis 母證實為電風扇的插頭。另外在客廳的書架旁邊，還有一些鐵盒和紙，似是從書架上掉下。從現場環境看來，警方估計死者曾與疑兇在客廳爭執過。

　　睡房的兩個衣櫃門都給打開，抽屜也被人撬開和搜掠過。Francis 母親報稱懷疑被偷去一本失效的銀行存摺

和一些收藏品,包括戰前的本港紙幣和硬幣,以及數個外國硬幣。Francis接到Eliza死訊,趕返現場,也報稱遺失了一台打字機和一隻手錶。至於發現死者的浴室內,則有一隻搪瓷罐,罐內有血水,另有一張凳仔。

接報到場的李醫官[1]初步檢查過死者的表面傷勢,發現死者前額有傷口和血漬,頭頸有嚴重瘀傷,身上各部位亦有若干瘀痕,手腕上有被電灼傷的痕跡。死因暫未能確定。李醫官根據屍體的僵硬程度,估計Eliza的死亡時間約在當天下午四時半至六時半之間。

這點可由鄰居黃太的口供得到證實。據黃太說案發單位在五時半左右有人發出呼叫聲和輕輕的撞門聲音,但當她走到門前問是誰,卻又沒有人應。於是她開門看個究竟,只見對面單位大閘半開,屋內浴室的燈亮着,她見沒什麼事情,便又返回屋內。她也想不到會發生命案。

初步檢查完畢,李醫官也請有關同事將客廳地氈、鐵盒和搪瓷罐等染血物件,或套取樣本,或攜回殮房作化驗。據有經驗的警員估計,疑兇應該是死者認識的人。一般竊匪是不會殺人的,何況死者是一個身材矮小的弱質女子,疑兇是絕對可制服死者,不用將事情鬧

---

1 此案發生於六十年代末,當時一般報章稱政府醫生為醫官,因此稱姓李的醫生為李醫官,但其實他並非官,他的職位應是專科醫生,只是他受聘於政府化驗所,所以被誤稱為官。

大。除非死者認識疑兇，疑兇為除後患才會動殺機。

　　警方根據以上情況，從兩個方向着手調查。一方面加派人手留意各當鋪[2]，看看是否有人典當上述贓物。另一方面將現場採得的疑兇指模，與人口登記處的指模檔案配對[3]，希望找到線索。

手指、手掌和腳掌的皮膚較身體其他部分的皮膚厚和有較深的凹凸紋，這些紋在胚胎生長至第三至四個月時已形成，隨着成長，紋狀亦只會改變大小，而不會改變形狀。由發現指紋的獨特性至今，沒有發現過有兩個人擁有相同的指紋，即使他們是同卵雙生的雙胞胎，指紋亦不會完全相同。各地的人運用指紋、掌紋作不同的用途，中國人發展了掌相，英國人利用它作為合約的簽署，有人更運用它作為檢控的證據。

第一位發展出一套辨識指紋分類方法的是十九世紀英國人類學家 Sir Francis Galton，他利用指頭的小三角位置來作為指紋分類，主要的形狀包括拱狀紋（plain arch）（圖 1）、帳篷拱狀紋（tented arch）（圖 2）、箕形紋（loop）（圖 3）、袋箕形紋（central pocket loop）（圖 4）、雙箕形紋（double loop）（圖 5、6）、螺旋紋（plain whorl）（圖 7）和偶然形紋（accidental）（圖 8）。阿根廷警察 Juan Vucetich 便是第一位採用這套指紋分類法，成功檢控了一位謀殺犯。

2　六十年代財務公司尚未流行，普通市民反而會到當鋪典當東西借錢用，所以當鋪間中也會收到賊贓，因此警方會與當鋪聯絡，告訴他們一些失竊案的資料，一來有助破案，二來也保障當鋪的利益，所以直至現在雙方仍會保持這方面的消息。

3　由於案件發生在六十年代末，未能以電腦追查指紋，在沒有疑兇指模作對比下，只以現場套取的指模尋找真兇有如大海撈針。警方要到一九九一年才引進電腦系統核對指紋。

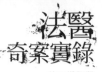

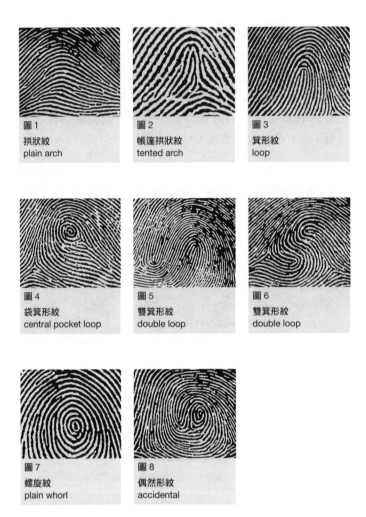

圖 1
拱狀紋
plain arch

圖 2
帳篷拱狀紋
tented arch

圖 3
箕形紋
loop

圖 4
袋箕形紋
central pocket loop

圖 5
雙箕形紋
double loop

圖 6
雙箕形紋
double loop

圖 7
螺旋紋
plain whorl

圖 8
偶然形紋
accidental

　　由於警方推斷疑兇是死者認識的人，因此警方便着手調查死者身邊的人，第一個目標當然是 Francis。Francis 近月加入了監獄署 [4] 擔任獄警，需要接受訓練，所以很少住在家中，他最後見 Eliza 的時間是案發前一週的週末，他放假回家。案發的時間他正在赤柱監獄工作，因此警方將他排除在疑兇之外。於是矛頭指向其他在 Francis 家出入的人，尤其是認識 Eliza 的人。其中一個是 Francis 的前中文補習老師阿仁。

　　阿仁是一名大學生，七歲喪父，是家中幼子，兩兄長在美國留學，姊姊們皆為大學生，經濟負擔極重，家人沒經濟能力資助他，他僅靠替人補習的收入（約一百元）交學費 [5] 和生活費。一次 Francis 與 Eliza 牽涉一宗盜竊案，二人又不想驚動雙方家長，於是請來阿仁替二人保釋，阿仁便在那時認識了 Eliza。警方向他調查時，他也有不在場的證據，他那天四時許正替人補習，那個學生家長也證明了此事。

　　警方對疑兇身份始終毫無頭緒，於是又將希望落在李醫官的解剖結果上。李醫官從 Eliza 的前額中部找到一道頗長的橫列傷痕，面、眼和頸部亦有幾處小傷痕，

4　監獄署即現今的懲教署，監獄署是於一九八二年二月一日才改名為懲教署。

5　當年大學的學費約二千多元。

但都不是致命傷。頸的正面有數處由中間向右延伸的明顯的瘀痕，左腮處、頸兩側、兩肩和雙腿俱有瘀痕。最令人摸不着頭腦的是雙手手肘的內側，以及右手前端、食指與中指都有不同形狀被電灼傷的痕跡。電灼傷跟普通的燒傷不同。被電灼傷，直接與電接觸的皮膚顏色比較淺，這是由於電流通過高電阻的皮膚，令組織液（tissue fluid）溫度升高變成氣體，造成氣泡，所以皮膚較淺色，外圍則是類近燒傷的黑色。普通燒傷，皮膚呈紅色，嚴重者皮膚會被燒至焦黑，與被電灼略有不同。Eliza雖莫名其妙地被電灼傷，但這也不是致命傷。

李醫官接着進行解剖，頭部前額位置與頸部兩側有瘀積，咽喉有出血的現象，但其他內臟卻沒任何病徵，口、鼻和肺部也沒有積水，排除了自然死亡和淹死的可能。頸部的瘀痕由中央向右延伸，顯然是被勒過的傷痕，法醫官憑這一點斷定Eliza是被勒至窒息而死。

血型在兇案裡往往扮演重要角色，李醫官自然不會放過這方面的線索。死者的血型屬A型，與案發現場地氈上取得的血液樣本相同。另外李醫官也檢驗過從後山撿回的電線切口取得的人體組織樣本，以及沾在電線上的血漬，也證實血液是屬於死者的A型。

ABO 血型是由十九世紀一位奧地利生理學家 Karl Landsteiner 發現的。人體的紅血球表面會有不同的抗原（antigen），抗原的功用是協助人體免疫系統製造抗體（antibody）對抗疾病的感染，抗體是在血液中流動的。不同的抗原可協助血型分類，最常用的是 ABO 血型分類，A 血型的人會有 A 型抗原和 B 型的抗體，但沒有 B 型的抗原；B 血型的人會有 B 型抗原和 A 型的抗體，但沒有 A 型的抗原；AB 血型的人則擁有 A、B 型的抗原，但沒有 A、B 型的抗體；O 血型的人則 A、B 型抗原都沒有，但卻有 A、B 型的抗體。若 A 型的抗原遇上 A 型抗體便會令紅血球黏合，阻塞血管，所以 B 型血的人不能輸血給 A 型血的人。

紅血球表面除了 AB 型抗原，還有 Rh（Rhesus）、MN 型等多種抗原，所以血型因此可作為鑑別人類身份的一種方法。由於血型測試需要一定的血液分量，所以很多時在現場採集到的血液樣本是不足以做多種血型測試，因此科學家發明了 DNA 測試（可參看本章〈無人駕駛〉一文）以補血型測試的不足。

案件經過多方努力仍然停滯不前。某天下午，負責有關案件的調查人員正駕車前往辦案，碰巧遇見阿仁，於是再碰碰運氣，停車上前查問他。其中一名細心的警員發現他的恤衫左前方有幾點血漬，便問他血漬從何而來，阿仁回答是面上的暗瘡弄髒的。又有一名警員問他去哪裡，阿仁仍鎮定地說教書去。警員覺得那些血漬確有可疑，於是運用職權搜他的身，並在他褲袋搜出一隻手錶，手錶的型號恰巧與 Francis 遺失的手錶一樣。警員問他手錶從何得來，他終於無言以對。警員再問他案發

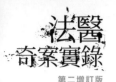

當天有沒有到過 Eliza 的家，他説有。警員立即向他宣讀他的權利，然後拘捕他。阿仁取出記事簿，細心地記下雙方的對話，然後由警員向他讀出，阿仁自己簽名。回到警署，阿仁仍不斷用記事簿寫下多人的對話內容，行徑奇怪。

警員替阿仁落畢口供後，便帶同阿仁到他家搜查。警方在阿仁家中，搜出若干前述的失物，包括 Francis 的打字機。打字機被秘密地收藏在一個五桶櫃中一個抽屜後面，要把抽屜拉出來才能看到打字機。然後警方帶阿仁到他女友家搜索，也同樣找到部分失物，但部分偷回來的錢已花了。同時警方也在一「魚蝦蟹」賭檔找到兩個曾與他兌換鈔票的人，那些鈔票正是其中一些失物。而那個補習學生家長知道阿仁是個兇案疑犯後，也供出她只是為了幫阿仁一個小忙，才答應阿仁的要求，謊稱案發時間阿仁在她家，沒想到事情竟這麼嚴重。

警方知道這些證據也只能起訴阿仁盜竊罪，不能證明他是殺 Eliza 的兇手。阿仁可能也知道這個關鍵，所以一直沒有承認殺死 Eliza。他堅稱當日有一名劉姓男子與他一起往 Francis 家。阿仁還稱那名劉姓男子是黑社會人物，他雖不齒姓劉的所作所為，卻未敢反抗，那些臟物也是被迫收下的。警方隨即發出拼圖通緝這名劉姓男子。

　　阿仁被捕的消息在大學引起了一陣騷動，尤其是社會系的師生，他們自考試完畢後就沒見過這位神秘的同學。在同學眼中，阿仁相當聰明，英文又好，寫作十分流暢，但是孤芳自賞、沉默寡言，彷彿有滿肚子委屈說不出似的，且對學業並不熱衷。他初入學時還很好，最近卻訛稱母親生病，要照顧弟妹，經常缺課，但熟悉他家庭狀況的人都知道他是家中么子，沒有弟妹。同學也留意到阿仁除了修讀社會系本科的心理學和社會問題課程外，也會選修犯罪學、問題少年學等科目，似乎對犯罪「情有獨鍾」。

　　可是這樣也不能證實他就是兇手，破案的責任又落在李醫官身上。李醫官檢驗了阿仁被捕時穿的恤衫上的血漬，發現有兩種血型，其一是與阿仁的血型相符的 B 型，其二則是與死者血型吻合的 A 型。

　　警方最終都找不到劉姓男子，阿仁謀殺 Eliza 的罪名不成立，但根據恤衫上的血型分析，加上阿仁面頰近腮處有被爪傷的痕跡，已可斷定阿仁至少曾與死者糾纏。阿仁最終被裁定誤殺罪成，判刑七年。審訊期間阿仁表現鎮定，相反他的母親卻十分激動，但其他家人卻不願多談阿仁的事，判案後更稱基於經濟原因，不會替阿仁上訴。

　　阿仁的論文提到「少年犯罪」的三個重要成因：（一）貧窮的壓迫；（二）家庭破裂形成不正常的心理；（三）受到父母關係不和諧影響。以阿仁的分析去分析阿仁的犯罪原因，似乎貧窮是最可能的解釋，但是真的只是為了錢嗎？阿仁母親曾在報章上稱阿仁犯案前幾個晚上都不能入睡，精神有點反常。是不是為姓劉的黑社會人物或惡勢力所迫？還是只為錢？這件命案的誘因仍是一個謎，他心中所想，無人得知，法庭內也探討不到，但從此案卻可見指模與血型在早期兇案調查工作中擔當重要的角色。

復仇記

　　經過刀光劍影的「大場面」，死裡逃生的阿龍難得乖乖地伏在床上，雙手垂在床邊。雖然自覺這樣的睡姿有點「樣丙」，想換個「型英」點的姿勢，但始終不行，因為他背上滿佈刀傷，「戰績」彪炳，只有俯臥才不會觸及傷處，還是待有人來探他才轉換姿勢吧。誰知他從昏睡中醒來第一眼看到的是他最怕見到的人——專門來找碴的重案組警員，然後看到門外有軍裝警察駐守，才恍然知道自己進了羈留病房。這下可麻煩了，難道被砍後，還要坐牢不成。

　　警員向他宣讀他的權利後，便開始詢問他被砍的前因後果。阿龍本想扮有型地「窒」阿 Sir 兩句，可是被阿 Sir 這樣一問，頓時語塞。當初兩幫人是為了什麼結怨而致打架收場，他早已忘了，只記得大家「跟唔同大佬」，根本早已「唔順超」對方。想到這裡他忽然想起跟他一起被「劈」的兄弟小全，於是第一時間問阿 Sir 小全的傷勢如何。他逃走時小全好像頭部中刀，躺在地上，想起也有點內疚，自己竟然撇下兄弟走了。阿龍只好安慰自己這是人之常情。

　　阿 Sir 説小全仍然昏迷不醒，情況危殆，在深切治療部留醫。警員着阿龍合作點，找出兇手，替朋友報仇。阿龍於是回想兩幫人起紛爭的原因，該由上週説起。事緣小全搶了對幫兄弟的女友，這幫人以阿榮為首。阿榮見兄弟的女友被搶去，實在丟臉，於是約小全講數。

　　那天小全約齊幫內的兄弟，與新女友一起去見阿榮。雙方先用僅有的黑社會用語「兇」對方，盡情在敵人面前一顯自己的威風，沒有真正設法去解決這件事，最後事件演變成打鬥。小全由於早有「準備」，把阿榮那幫人打得屁滾尿流，阿榮的「俊」面也被打傷。阿榮向以自己的俊貌自豪，這樣被打傷，當然是氣難下。阿榮於是糾眾，當天即在小全放學後圍堵他，剛巧阿龍正與小全一起。阿榮恃着己方人多，當然是耀武揚威一番。沉不住氣的小全，冒着被毆的危險跟阿榮抬槓，令談判破裂。阿榮的兄弟見勢便亮刀狂砍小全和阿龍，阿龍雖被砍，尚幸仍能負傷逃跑，之後的事情阿龍已不知道了。這件事由阿龍口中説出，當然將己方威水之處標榜一番，但經警方一再調查詢問，總算理出個頭緒來。最後阿龍告訴了調查人員阿榮與同黨的聚腳地等資料，讓警方拘捕他們。

　　事發翌日，小全傷重死亡，這宗械鬥案瞬即變成謀殺案。原本已重視這案件的調查人員，這下更緊張地四處搜尋那批在逃童黨。警方呼籲曾在案發現場協助搶救

死者的兩名學生與他們聯絡，該兩名學生曾將死者由被襲地方搬到球場內，待救傷車前來。

　　由於小全是非自然死亡，雖然在醫院中逝世，也要進行解剖。小全被襲時仍是穿着校服，那套血漬斑斑的校服交到警方手上，進行血型測試[1]，主要都是死者所屬的血型。法醫再檢驗小全的表面傷痕，發現他頭部、腹部和背部密佈縱橫交錯的傷口，傷口十分齊整，應是由利器所傷，估計兇器應是一般用以「劈友」的牛肉刀或西瓜刀等利器。傷口的長短、深淺不一，有些傷口只是皮外傷，有些則深可見骨，傷口的方向也不一。刀傷的方向一般可以憑傷口的深淺闊窄決定（見圖1），落刀的地方通常承受較大的力度，因此該處的傷口會最闊最深，然後慢慢收窄變淺。

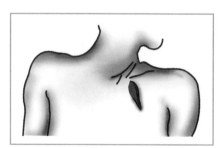

圖 1

落刀位置的刀傷傷口會較收刀位置深和闊，如圖的刀傷便是由左上斬至右下。

‖　1　此案發生在八十年代，當時香港尚未引進 DNA 測試。

由於被襲者會閃避和移動身體，所以法醫在判斷刀傷的方向時會特別小心，因為傷口的方向會影響重整案發經過的準確性，隨時會影響疑兇會否被入罪。由於小全的身上傷口太多，刀傷的方向已很難查考，在這情況下傷口的方向性也變得不太重要。

法醫繼而解剖小全，發現部分刀傷深入至內臟，因此體內有大量出血的現象，但並沒有所謂的致命一擊。法醫再解剖小全的頭部，雖然發現有傷口，但頭骨沒有碎或裂，相信頭部外傷也非小全的致命傷。故法醫相信小全是死於失血過多。由於小全的傷口密佈而又方向不同，法醫估計小全是被多人襲擊的。

小全逝世後，警方相繼拘捕了七人，年齡介乎十三至十五歲。如在外國（例如：美國），謀殺會分為一級謀殺[2]（first degree murder）、二級謀殺[3]（second degree murder），誰蓄意造成致命傷者，誰便承受一級謀殺罪，其他人便是二級謀殺，而美國也沒有所謂的誤殺罪，只有氣憤殺人（voluntary manslaughter）、過失殺人（involuntary manslaughter）和車輛殺人（vehicular manslaughter）。香港早在五十年代就有黑社會集體打鬥

2　被告在殺人時具有惡意（malice），還符合故意（willful）、仔細衡量犯案之前因後果（deliberate）和事先考慮策劃（premeditated）等條件，便可被判一級謀殺。

3　被告在殺人時具有惡意，但無法證明被告曾衡量前因後果和事先考慮策劃，則可被判二級謀殺。

釀成命案的案件，更高踞他殺成因的榜首[4]，因此香港的法律並沒有將謀殺分級，總之誰有份參與有預謀的致命襲擊，即屬謀殺，因為即使是最精明的法醫，甚至是在場親眼目擊死者被襲的誠實證人，也很難斷定死者是被一群人中哪一個人哪一刀斬死的，況且有時也可以是死者累積的傷勢造成死亡，如小全那樣，他是因失血過多而死。黑社會活動時有所聞的香港，集體械鬥案不時出現，很難像美國那樣區分為一、二級謀殺罪，所有參與的人也難逃脫罪責。再者謀殺罪的刑罰較重[5]，可起阻嚇作用。至於襲擊時沒有意識要致受害人於死地的便屬誤殺。

參與這案件的所有人犯案時皆未滿十六歲，根據香港法律，他們不會被判死刑，也不會被判終身監禁，情況有點尷尬，只有待特赦才能出獄，這極可能是遙遙無期的。

較幸運的是阿龍，只換來身上一些「勁型」的刀疤，這或者成了他與好友小全最親密、也是最後的聯繫。至於日後他能否好好把握，還要看他自己的造化了。

4　根據彭定祥法醫的著作 *A Study in Medical Jurisprudence in Hong Kong* (1950–1957)。他殺的動機（motives for homicides）依次為：
　　a. 黑社會 Triad society background（復仇 revenge）
　　b. 感情糾紛 Love affairs（妒忌 jealousy）
　　c. 賭博事宜 Gambling dispute
　　d. 商業事宜 Business dispute
　　e. 一時衝動 Sudden insanity
　　f. 自殺 Suicide pacts
　　g. 醫療事故 Illegal surgical operations
　　h. 行劫 Robbery
　　i. 政治原因 Political
　　j. 動機不明 Unknown

5　一九六六年十一月十六日前謀殺是會被判死刑，現在則依例會改判終身監禁。

Shall We Talk

　　在喧鬧的酒樓內，太太們你推我擁地撲向點心車，孩子們繞着桌子你追我逐。在流動的人叢中，有一對異常沉默的夫婦。黃先生不停地看手錶，桌上的茶早已沒了裊裊的蒸氣。坐在黃先生身邊的黃太，雙眼像探射燈般橫掃四周，沒有停下來的位置。黃太終於忍不住開口，告訴丈夫她先回家等兒子阿進，黃先生則駕着的士在邨內嘗試尋找阿進。

　　雖然二人沒有說出口，但心裡同樣擔心兒子。前天兒子徹夜未歸，早上回家時，胸背滿佈瘀傷。黃先生問阿進是否被人打，阿進矢口否認，又不肯說出受傷原因。黃先生無奈，只好先替他敷藥。敷藥時，阿進頻呼胸口痛楚。黃先生見狀，勸他往急症室，他又不肯。

　　黃太回家路上，不停地四處張望，希望尋獲兒子的蹤影，心裡不停安慰自己，兒子只是貪玩或粗心，忘記到酒樓等位罷了。她就得這麼一個兒子，最近感到兒子有點古怪，家中又時有失竊事件。她惟有辭去工作，在家看管他，希望引導他走回正路。

　　黃太經過鄰座大廈，遇到一大群警察和圍觀者，她隱隱感到不安，但又不願意前往人群聚集處探個究竟，以逃避那不祥的預感。升降機愈接近她住的單位，她的心愈忐忑，剛才人群的影像不斷在腦海內盤旋，揮之不去。升降機門打開的一刹，她看到一雙人影站在家門前。她知道她避不了。送兒子噩耗來的是兩位警察。阿進被發現死在鄰座的樓梯轉角處。

　　法醫趕到現場，檢驗阿進的表面傷痕，胸部有新舊的瘀傷，嘴角有乾涸的血絲，初步未能確定死因。警方環顧發現屍體的現場，沒有掙扎或打鬥過的痕跡，故相信發現屍體的地點並非第一案發現場。如屍體由一人搬運，除非搬運者氣力很大或死者體形較小，否則他多會以拖行方式來搬運屍體。屍體在粗糙的地面被拖行時，身上會出現有方向性的擦傷痕跡，但因傷口是死後才造成，所以傷口可能沒有流血的跡象，只有少許沾有地面污漬的皮膚受傷跡象在傷口末端。而這次發現屍體的地方，剛巧是樓梯轉角處，如是一人搬運應會取道較少人行經的樓梯。若屍體是從樓梯拖下來，就會與樓梯碰撞造成瘀痕，尤其是近骨的地方，但死後的碰撞卻不會造成大量出血的現象，因此瘀痕會較淺和較集中，較難察覺。這些較不顯眼的死亡傷痕會於一天後較明顯，尤其當屍體被冷藏過，令血液沉澱速度加快，瘀痕更清晰易見。法醫細心檢查過阿進身上的表面傷痕，並沒發現以上被拖行的擦傷或瘀痕，故初步推斷參與搬運屍體的人

數應多於一人。

　　警方在阿進身上搜查線索,尋得一本記事簿。從記事簿中,警方獲知阿進的地址,並找到黃太往現場確定阿進的身份。黃太無奈地接受了這個冷酷的事實,與黃先生到警署協助調查。警方在記事簿內,還找到阿進數名同學的電話號碼,警方於是從阿進的朋輩着手調查。

　　這已是法醫與黃太第二次見面,也是要黃太第二次確認阿進的遺體。黃先生與黃太的眼睛告訴了法醫,要他們再次認屍確實是太殘忍,可是這是必須經過的手續。今天阿進的屍體已經清潔過,面上沒了斑斑的血漬,較昨天被發現時安詳。相反黃太面容顦喪,再次見到自己獨生兒子的遺體怎也無法平靜,眼眶決堤,淚如泉湧。法醫向黃先生點了點頭表示要帶阿進離去,黃先生也點頭讓法醫帶走阿進。

　　法醫先檢查阿進的表面傷痕,背部和胸部均佈滿瘀痕,傷痕新舊參半。瘀痕其實是皮下的微絲血管出血,多是由不會令皮膚受損的鈍物造成。根據瘀痕的顏色和擴散程度,可知受傷的時間先後。血管內的血是深紅色的,新造成的瘀痕是血管裂開後,血液流出血管,從皮膚看會是淺紅或紫色,這取決於出血的分量、出血血管與表皮的距離和表皮的透明度。因為去氧後的瘀痕會逐漸由紫變啡,而身體內的酵素(enzyme)會將血

液內的血紅蛋白（haemoglobin）分解為膽色素（bile pigment），變成青色，青色散開後轉成黃色。死後造成的瘀痕則是較淺色，有部分可能要數天後才呈現出來。阿進部分較紅或紫及擴散較廣的瘀痕，以及皮膚表面呈黃色，應是黃先生替阿進塗跌打酒的瘀痕，部分顏色較暗瘀而邊緣呈淺黃色的是受了傷一段時間。新舊傷痕在阿進胸背多處地方也有出現。若瘀痕是由棍等棒狀兇器襲擊造成，就會出現「車軌」樣瘀痕（"tram-line" bruise），即瘀傷中間較淺色，兩旁較深色，像車軌模樣。綜觀阿進身上也沒有出現此類瘀痕，故估計兇徒沒有使用這類武器襲擊阿進。

另阿進的手腕有遭人大力握過的指形瘀痕，頸部也有受過壓的皮下瘀傷，從這兩個傷痕估計阿進被打時，有可能先被人制服，因此應不只一人在場施以酷刑。法醫再按阿進的胸廓，發現數根肋骨已斷裂，相信他死前曾遭到猛烈的毆打。法醫解剖阿進時，發現肝臟和腎臟爆裂，斷裂的肋骨亦刺穿了肺，胸和腹腔有大量出血，相信是內臟受傷出血所造成，可見兇徒對阿進是何等殘暴。阿進身上有多處可致命的傷，因此法醫認為阿進的死因是身體多處受傷。

既已知兇徒不只一名，警方於是從阿進的同學們着手調查。據黃太所述，阿進在上學年認識了一名鄰校的女孩，兒子因此成績轉好，所以沒有阻止二人來往。最

近兒子放學回家,不時心神恍惚,出事前更曾被毆打,又不肯往看醫生。黃太已辭去工作,在家中加緊看顧他,但情況沒有好轉,阿進反而落得此下場。

警方在區內四出調查,從阿進的同學口中知道阿進的死黨叫洪仔,洪仔曾與阿進一同被毆。洪仔稱阿進因不捨女友移情別戀,苦苦相求,希望女友回心轉意。豈料卻因此觸怒女友的新男友,引致被十多人圍毆。起初對方說可以用錢「擺平」此事,怎料不但女友要不回,對方的要求還一次比一次苛刻,最後交不出他們所要的數目,惹來致命的毆打。警方將涉案的十多名童黨拘捕,起初各人也不肯承認有份參與,但經警方日夜盤問,部分人將事件的始末和盤托出。

行兇童黨的口供如所有電影的對白一樣,將自己的不良行為歸咎於「人人都係咁打㗎啦」、「人打我咪打囉」、「點知打兩下就死啫」、「大佬叫到嘛」、「人打我唔打咪好『瘀』」等。這是他們的文化,他們在同伴中要得到認同,不得不幹自己不願意的事。

阿進拒絕父母幫忙的態度,同時也反映了年輕人另一種心態:脫離父母的管束是長大成人的標誌。父母的關心是否就是管束呢?成長是否便意味着要與父母疏離呢?Shall we talk?

無人駕駛

　　一陣《友情歲月》的音樂，是阿雞的手提電話響起，粒的說大佬威要召見「王朝」（阿雞參與的童黨名稱）的兄弟。原本與父親往醫院探望患病母親的阿雞，只好告訴父親晚點歸家，然後便趕往大舊家與「王朝」的成員會合。

　　大舊住的屋邨大部分居民是長者，很早便關燈睡覺，四周漆黑一片。阿雞步過昏暗的走廊來到大舊家，大舊家的家門打開，屋內燈光穿過鐵閘透出屋外。阿雞走到門前，欄柵的影烙在他臉上。阿雞一如往常走進屋內，那裡竟已有十多人，有男有女，獨不見大佬威，而大舊則滿臉污血，被人綁在一旁，看樣子已給人「教訓」了一頓。數日前大舊才向他申訴過被「王朝」的兄弟毆打，阿雞叫他不用怕，報警嚇他們，免再被欺負。此刻見大舊又被眾人毆打，頓萌正義之心，立刻走向大舊，幫他鬆綁。可是未及走到大舊身邊，已被鼻屎攔着。有人從後打他雙腳，阿雞即時失去重心跪下。眾人要他跪在屋內一尊關帝像前，然後阿必責問他為何教大舊「報串」（即出賣朋友）。眾人沒等阿雞開口，已開始拿起早

已準備好的木棍、水喉鐵、膠棍等武器圍毆阿雞。

阿雞面對十多人一起襲擊，完全沒有反抗的能力，只見棍影幢幢，往他身上打，他能做到的只是抱着頭護着臉。這是他被打時，慣常保護自己的方式。阿雞知道只要讓他們「玩夠」或「玩得無癮」，才有被釋放的機會。阿雞上次被他們脫褲羞辱，也靠這伎倆脫身的。

鼻屎認為阿雞出賣朋友，建議執行家法，於是仿效黑社會「紮棍」。阿雞跪在關帝像前，大王開始唸起黑社會詩，鼻屎便用棍打阿雞的頸，然後各人輪流打阿雞。各人爭相挑選自己的武器，黑仔拿膠棍，粒的、番薯拿水喉鐵，薄 Log 拿特種武器鑊鏟，佩儀則拿起雨傘猛力打下去。不久瘦弱的阿雞已受不住，向各人哀求罷手，最後更暈了。

鼻屎見阿雞暈了，便用水淋醒他。其間有人趁「中場休息」，先行離去。鼻屎轉頭見眾人歇下來，便叫眾人再打。他為了替各人壯膽，便稱若阿雞死了，大不了把他拋下海了事。

大王感這樣「齋打」，不夠「過癮」，於是順手取了一張摺椅夾阿雞的頭，然後拿燃點着的煙蒂塞進阿雞的口。鼻屎和番薯搶着用摺椅打阿雞，鼻屎更替這「招式」起了個名堂做「扑魚」。最多鬼主意的大王又想了一個新

玩意，倒吊阿雞撞地，玩「人肉打樁機」。眾人立刻興奮起來一起「打樁」，黑仔搶了阿雞拋向牆。其間雖然阿必與阿誠怕會出事，曾勸各人停手，更有人想帶走他，但部分玩得興起的人，已忘了阿雞是血肉之軀，只當他是一件玩物，拒絕了他們的要求。

　　阿雞被「玩」了近三小時後，已神志不清，開始語無倫次，全身瘀傷，呼吸聲不正常。阿必見情形不妙，拿起電話想報警。剛打了第一個「九」字，便被大王奪去電話，更罵阿必傻，因阿雞醒來會告發眾人。鼻屎突然又跪到關帝像面前，求「關二哥」保祐阿雞不要死，但阿雞仍敵不過虐打召來的死神，活不過來。

　　此時留在屋內的只剩下八人，眾人見阿雞死了，開始想辦法收拾殘局。有人建議拿屍體餵野狗，但恐事情敗露，還是決定毀屍滅跡。經過一輪從長計議，決定以「蛋糕」代表屍體，「阿財」代表警察作聯絡暗號，準備次晚進行毀屍滅跡的行動。臨走前更警告大舊切勿報警，否則「做他全家」（即殺他全家）。

　　翌日，阿必往考會考，並將阿雞被殺的事告訴友人，但竟無人感到驚訝，亦無人往報警，因此運「蛋糕」的事順利進行。燒屍地點是一間待拆的地鋪，很少人前往，而且他們是邨內的麻煩人物，邨民見到他們也繞路走。由大王負責分配各人工作，有人負責準備電話簿、

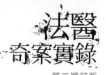

火水和硫酸等助燃物，有人負責運屍，有人負責燒屍，有人負責把風，但燒了三次仍有殘肢，只好將燒剩的殘肢當垃圾拋掉。然後往大舊家清洗現場，並拋掉所有武器。各人以為這樣事情便告一段落。

數日後，大舊感身上的傷劇痛難當，於是往醫院求診。醫生見他面部和身軀滿是瘀傷，受傷情況可疑，而且又是弱智人士，於是通知警方。警方根據大舊提供的資料，往邨內找與阿雞為伍的「王朝」成員，拘捕了十多人，亦有部分人自行往警署自首。最後被起訴的有十男三女，全部只有十四至十八歲。

警方在調查此案時，遇到相當的困難。由於大舊的智商較低，未能將整件事情的始末說出來。此外，最大的問題是找不到阿雞的屍體，因為事情被揭發時，已是案發後數天。警方曾嘗試往堆填區尋找屍體或殘肢，但已找不到，只能在燒屍現場找到一堆碎骨。

法醫在此案件的角色較特別，因為未能找到屍體，甚至殘肢，而只有碎骨。通常從骨髓中可找到少量的人體細胞，已可以憑細胞內的 DNA 證實碎骨主人的身份。但現場搜集得來的那些碎骨曾被燒過，且分量不多，未能找到足夠細胞做 DNA 驗證，再與阿雞父母的 DNA 來證實那堆碎骨是屬於阿雞的。僅能用人類脫氧核醣核酸探針（human DNA probes）作免疫學檢測（immunological tests），以人類細胞獨有的蛋白質所含的氨基酸（amino acids）分量和排序，來證實那些碎骨是人類的碎骨。從碎骨所得到的資料有限，只能證明碎骨是人骨，卻不能證明那是屬於阿雞的。至於從這堆碎骨中估計阿雞的死亡時間，更是難上加難。

　　每個細胞內都儲存了遺傳基因在其細胞核內，這些基因決定了細胞的一切活動，亦即生物的一切活動。人類細胞核內的基因是儲存在 46 條染色體內，染色體是由蛋白質和去氧核糖核酸（deoxyribonucleic acid, DNA）組成的。DNA是主要儲存基因的生物結構，除了同卵雙生的雙胞或多胞胎外，每個人的 DNA 結構也不會完全相同。

　　DNA 是由兩條多聚核酸（polynucleotides）組成的雙螺旋結構（double helical structure），每條多聚核酸是由多個核酸（nucleotides）組成，每個核酸是由磷酸鹽（phosphate）、去氧核糖（sugar deoxyribose）和一個嘌呤鹼（purine bases）組成。磷酸鹽和去氧核糖是雙螺旋結構的骨幹，而嘌呤鹼則是結合兩條多聚核酸骨幹的部分，同時不同的嘌呤鹼組合也是存載基因密碼的重要結構。嘌呤鹼有四種：腺嘌呤（adenine, A）、胸腺嘧啶（thymine, T）、鳥嘌呤（guanine, G）和胞嘧啶（cytosine, C），A 只會與 T 結合，而 G 則只會與 C 結合，不同的 A、T、G、C 排序便是控制製造不同蛋白質的密碼，而蛋白質是控制細胞活動的物質。DNA 用作確認生物身份，便是利用每個個體擁有其獨特嘌呤鹼排序的特性。

　　酵素是在生物細胞內製造蛋白質的另一種重要物質。某些酵素可以將某些特定排序嘌呤鹼的雙螺旋結構拆開，甚至剪斷，然後用這些密碼促進製造某種蛋白質。

如細菌 Haemophilus aegyptius（Hae III）便擁有可將排序

-G-G-C-C-

-C-C-G-G-

剪開的酵素。DNA 測試便是用酵素作為「DNA 剪刀」，將 DNA 剪成不同長度，不同長度的多聚核酸碎片有不同的重量，再用電泳（electrophoresis）（見圖 1）的方法，將不同重量的多聚核酸碎片分隔開，便成類近條碼模樣的人類基因密碼圖（見圖 2），化驗師便可利用這些密碼驗證疑兇與真兇是否同一人。

圖 1 為實驗室內使用的電泳裝置。將樣本放在圖上方的井內，利用電子由負極走向正極的特性和不同重量的多聚核酸碎片有不同的移動速度（較輕的碎片會走在前頭），便可將多聚核酸碎片變成「DNA 條碼」（見圖 2）。

如需處理大量的 DNA 測試，會用大型的 DNA 測試機器進行，時

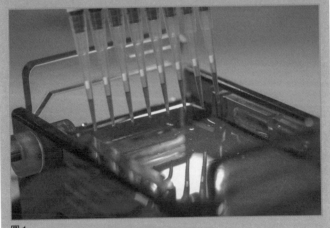

圖 1
電泳。

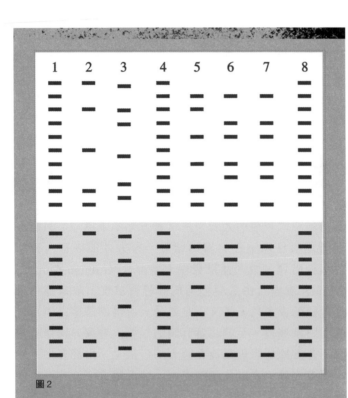

圖2

間會較快，可容納的樣本也較多。

　　圖2為DNA測試的電泳結果。為了將實驗錯誤減至最低，不同檢查標記會放在樣本附近的位置。圖中1、4、8為重量檢查標記；2為男DNA檢查標記；3為女DNA檢查標記；5為受害人的DNA樣本；6為罪案現場採集到的樣本；7為疑兇的DNA樣本。圖的上方是疑兇與罪案現場採集到的樣本吻合的測試結果，下方則是兩者不合的結果。

　　除了發現的人骨中含有頭骨外，一般情況是不能證明那人已死。因為即使一個人沒有了部分骨，仍然有機會可以生存。況且所發現的部分人骨可能是處理醫療廢料時出錯產生的。而即使發現了頭骨，也要知道那頭骨是死去多久。一般陳舊的骨是較易碎，因為骨的礦物質（minerals）經過長時間會逐漸消失，而骨的礦物質是令骨骼變硬的重要成分，所以陳舊的骨只要略為觸碰，便會粉碎。新鮮的骨較硬，而且骨的表面有光澤，與陳舊的骨不同。經過查驗，便知道發現的骨塊距死後多久。若是戰時或戰前的人骨，通常警方都不予處理。只有發現新或與已知案件有關的頭骨，警方才能以有人死亡的案件處理，否則便以發現人體部分（human remains found）處理。由於尋獲的的碎骨曾被燒，故未能估計碎骨距死後多久，且又不是頭骨，所得的證據是不足以證明阿雞被殺，至於起訴有關的年輕人曾謀殺阿雞就更難。警方於是將焦點放在證人的口供上，由於有多人表示阿雞被殺，才以他殺案處理，情況跟首宗沒有發現屍體的康怡花園烹夫案相似。最後警方游說到阿必承認誤殺，並願意以污點證人的身份作供，將整件事的經過和盤托出，成了案件重要的轉捩點。

　　雖然法醫在這宗案上未能協助確認死者的身份，然而這不代表他們在此案的角色並不重要。因為這宗案在案發年多後開審，各被告的律師均按自己的委託人的行為，提出有利的證供，希望能洗脫謀殺罪名，於是法醫又成了重要的證人。這次法醫的重責是評估各人所做的

行為會否成為致命傷害，如「紮棍」、「人肉打樁機」或
腳踢頭部等便是致命的暴行。因為如果他們的行為被評
估為不會造成致命的傷害，被告的謀殺罪便有機會不成
立。法醫要根據其他證人敘述用什麼兇器打死者、如何
打，以及證人所形容的虐打程度來判斷對死者可能造成
的傷害。問題卻在於各人所作的行為在程度上有可能不
同，各證人所形容的情況也有異。法醫在沒有死者屍體
和任何佐證的情況下作評估時，需要特別小心，有需要
時還要保留作出評估與否的權利。

縱使沒很多證據，只有證供，經過五個月的審訊，
這群少年成功被入罪。法醫在這案件擔當的角色已不是
證明各被告有否參與犯罪，因為各被告已互相推贓諉
過，互相證實對方確曾參與虐打阿雞，關鍵反而是他們
在案件中的參與程度。法醫的責任是按各人的虐打行
為，來評估該行為對阿雞的傷害程度，這影響了各被告
會被判什麼罪，是謀殺、誤殺、嚴重傷人、襲擊傷人，
還是毆打傷人罪，同時亦影響了各人的刑罰。最後十三
人中有六人謀殺罪成，其中四人被判終身監禁。

年輕人最恐怖的不是對人生漫無目的，最令人齒
冷的是新一代對是非的模稜兩可態度，甚或明知自己有
錯，但總有藉口逃避責任。其實他們喜歡的不是到處勇
闖社會禁區，而是希望有個人願意花時間和耐性，認真
地關心愛護他們，聽聽他們想什麼說什麼，協助他們找
回人生方向。

Truth or Dare

　　頭髮雖然紮起，但仍掩了半邊臉的阿寧安靜地望着對坐的父親。膚色黝黑、身形健碩的寧父滿臉悔疚地自責沒管好女兒，把她害苦了。雙方沉默了好一會，寧父才再問被殺的阿英是不是就是那天接他電話的女孩。阿寧點頭。阿寧這時有點慚愧，想起阿英。其實阿英為人和善，平日那班男孩欺負她，打她、撞她、捏她，她也是笑笑便算。她原本也視阿英為朋友，帶她返家進行「地獄式減肥」，希望她能找到工作。要不是阿英接了父親打來調查她是否在家的電話，還告訴父親她外出，她也不會視阿英為欺凌對象。更想不到阿英看起來這樣強壯，只是比平時多打了一會，阿英便這樣死了。

　　寧父勸阿寧說阿英是死在她家裡，她是脫不了罪的，不如還阿英一個公道，把實情告訴警方，好讓她沉冤得雪，自己心裡也好過點。阿寧不禁掉下淚來，因為父親從沒這般溫厚地教導過她。

　　Toby 自知脫不了身，於是按照之前與各人商議好的「口供」，告訴警員阿英確曾住在他女友阿寧的家，但後

來她減肥不成功，要另尋方法，所以差不多在兩星期前已離開了。離開後，一直沒有回來。

番薯已被盤問多天了，神情呆滯，但想起雙眼和臉頰紅腫的阿英張開口的樣子，仍不禁顫抖起來。

一名便衣警員走進落口供的房間，在負責盤問的警員耳邊說了幾句話，便步出房外。負責盤問的警員告訴番薯已經有人招供了，勸他還是和盤托出。番薯搔搔頭，然後緩緩地抬頭望向警員。

阿英的姐姐阿美告訴警員阿英是個很可愛的女孩，並客串過一部電影，但她不打算入娛樂圈發展，只希望增加人生經驗。阿美向警員一再強調阿英為人很樂觀和開朗，不會自殺的。她最喜歡做義工，常常探訪長者，又往內地扶貧助學，家中仍有多張義工獎狀，並曾在社會服務機構擔任過旅遊大使。她也很孝順，做旅遊大使期間，每月有幾千元收入，因為她深知家境不佳，遂將過半收入交給母親幫補家計。旅遊大使的計劃結束後，阿英一直找不到工作，閒來無事便在家附近釣魚。母親知道後，責備了阿英幾句。之後，阿英便不敢在家附近出現，時常在商場流連，認識了一班也在商場流連的朋友。期間阿英仍有到處找工作，但始終找不到。後來，她認為找不到工作可能跟她的體形有關。為了遠離家中的美食，便決定搬到一個朋友家中減肥。阿英遷出後，

她的手提電話總是接駁至留言信箱，家人很難跟她聯絡上。

阿美對阿英那班朋友的印象不太好，有一次在商場碰見阿英與友人一起，各人的頭髮不是染金，便是染紅，相貌不太友善。阿英面色蒼白，嘴唇發紫，身上有瘀痕。阿美擔心阿英減肥方法不當，勸她回家。可惜阿英推說衣服仍在友人家，未能跟她回去。後來母親告訴她阿英身上的瘀痕是跟朋友玩遊戲輸了被罰所致，說時還帶着笑的。想不到阿英就這樣死了，阿美懇求警員徹查此案。

番薯推着一架放着一個大紙箱的手推車，領着一群便裝警員由阿寧家出發，重組案發經過。由於番薯未成年，整個過程得由一位親友陪伴。番薯推着車，避開附近的警署，繞道從屋邨的幽靜處走上山，經過一間人跡罕至的廟宇，再抄廟內的小路，一直走到一塊大石上，然後將手推車上的大紙箱從大石上推下，該處正是屍體被發現的山澗，山澗離阿寧家不遠，但位置偏僻，若不是食物環境衛生署進行滅蚊工作，阿英也不會這麼快被發現。

阿英被發現時，僅穿內衣褲。幸而在山坡上，除手推車、大紙箱和一張毛氈外，還發現一些懷疑是屬於阿英的衣物，內裡找到阿英的銀包和身份證。法醫到達現

場後，立刻檢驗屍體，發現屍體已開始發脹和發臭。法醫環顧四周的環境後，估計阿英已死去多日。除屍體表面有被腐蝕性液體燒傷的痕跡外，沒有其他明顯的傷痕。

翌日法醫進行解剖，從表面看，頭和手腳的大部分皮膚均被腐蝕性液體燒傷，皮膚被燒傷的範圍頗大，程度也頗深，而且頗集中，相信是死後造成的。因為死後身體沒有任何的動作，腐蝕性液體有較多的時間與皮膚產生化學作用，造成較大範圍和程度較深的傷勢；而液體亦不會因受害人的反抗，濺向身體不同的部分。由於燒傷範圍大，毆打造成的瘀傷亦較難察覺。尤其當瘀傷是新造成的，血液從血管流出後尚未擴展。又或瘀傷是幾天前造成，血液內的血紅蛋白大部分已被分解，瘀傷便較難察覺。

在阿英體內，法醫仍無發現任何內臟或明顯的致命傷痕，因此未能確定死因。經過警方對一眾少年的盤問，知道阿英有濫藥和服食減肥藥的習慣，藥理化驗可能是確定死因的關鍵，於是法醫從阿英的胃部、肝臟、頭髮、血液和膽汁等身體部分或體液套取樣本，進行DNA 測試和藥理化驗。DNA 測試是用來確認死者身份的，而藥理化驗則用以證實阿英死亡前有否服食藥物。若證實曾服食藥物，則須檢驗服食的分量是多少，是否足以致命。藥理化驗證實阿英死前沒有服食過任何藥物。

　　另一方面，警方在阿寧家內進行詳細的搜證工作，發現單位內有多處被洗擦過的血漬，並找到超過八十組DNA及四十組指模。可是這些證供不能確定阿英的死因，亦未能證明阿英是死在阿寧的家中。跟阿雞的案件相似（參看本章的〈無人駕駛〉），警方搜集的證據不足以證明涉案的年輕人對阿英的死要負上責任，因此各人的證供成為起訴的重點。

　　雞髀垂頭坐在拘留所內，雙腳無意識地搖動着，手指不停地打在枱上，發出有節奏的清脆聲響。對面坐着他的媽媽和一名律師。

　　律師告訴雞髀，他年紀最輕，很大機會可成功轉為控方證人，罪名應該可……話未說完，雞髀即時抬頭，激動地打斷律師的勸告，罵他要自己做「二五仔」（即出賣朋友），無義氣，「出冊」（即刑滿出獄）後，一定被同伴圍毆。

　　媽媽輕按雞髀的手，向他打個眼色，知道站在旁的警員正監察着，他才冷靜下來，雙腳則繼續無意識地搖動。

　　案中數名涉案的少年或因後悔，或經父母勸告後，將事件的始末告訴了警方。當中更有不止一人想轉為證人，但只有雞髀幸運地被接納為特赦證人，指證案中九名被告。

　　寧父與寧母離婚後，因女伴眾多，便於年前特地自置一個單位，讓阿寧和其姐居住。雖然晚上寧父會打電話查問二人的行蹤，但因為無人管束，寧家成為一眾少年聚腳的地方，有時會十分嘈吵，鄰居也曾多番投訴，可惜情況未有改善。

　　阿英加入阿寧一黨不是很久，年紀較眾人稍長，可能不懂與這群少年相處，被人認為她霸道。Toby 自恃有黑社會背景，又是眾人中最年長，所以自視為首領，對阿英的態度尤其不滿。眾人一有機會便藉機欺凌阿英。玩遊戲「Truth or Dare」經常成為眾人報復的機會，成為眾矢之的的阿英，玩輸後一定遭惡待。阿英長期被虐，但從沒想過離開。

　　雞髀在庭上作供時指有一次眾人一起到南丫島玩樂，阿英自稱見鬼，後來又說父親認識懂驅鬼的人。又見鬼又捉鬼，眾人懷疑她「扮嘢」（即裝模作樣），令眾人對她更不滿。至事發前三天，Toby 以懷疑阿英偷了他的手機為藉口，開始將阿英的地獄式減肥計劃變成地獄式虐待。眾人分成二人一組，輪流打她，Toby 更用啞鈴重擊她腹部，直至她倒地求饒，Toby 才勉強給阿英三日時間改過。

　　事後，眼、手和腳紅腫的阿英竟然沒有因此離開阿寧家。三天後，眾人又上寧家，阿英忽然「鬼上身」，緊

箍阿世到後樓梯，眾人見狀，立刻群起圍毆她。翌日阿英與眾人正在看電視之際，番薯覺得無聊，便指阿英的態度沒有改善，Toby見狀，立刻扮「鬼上身」，命令各人拿武器向阿英施襲。Toby玩得興起，逼令各人推選二人與阿英性交，結果選出番薯和阿顯，但遭二人拒絕。Toby於是緊箍番薯的頸，最後二人在威逼下，只好讓阿英替二人口交。

之後，Toby和阿寧再次用拳頭、手肘和啞鈴打阿英，更撕爛阿英的衣服至赤裸。有人見阿英受傷不輕，於是替她穿回衣服，事情看來就這樣過去。但Toby看不過眼，又再襲擊阿英，直至疲累才罷手。

早上一行人浩浩蕩蕩外出吃早餐，回來時發現阿英奄奄一息。雞髀於是貼近阿英的心胸，發現她心跳微弱。阿世則把一張CD放在她鼻前，發現無霞氣，認為她已無呼吸，各人開始驚慌。只有阿顯立刻替阿英做心外壓，做了近半小時，阿英仍無起色。阿顯建議報警，但被Toby否決。Toby也不顧阿英是否已死，只命令雞髀買多瓶鏹水回來，企圖溶掉阿英。Toby命一眾男被告翌日凌晨用手推車運阿英到附近的一條山澗，然後用鏹水倒在她的臉和手，去掉阿英的容貌和指模。一陣白煙過後，眾人又去玩樂。

　　阿英的身體沒有告訴法醫她是如何死的。如同阿雞
一案，法醫是根據眾人的口供，相信阿英是死於被各人
虐打。因為眾人沒有預先計劃殺害阿英，陪審團接納被
告們所說的「一時玩大咗」，所以九名被告中，有六人誤
殺罪成，二人襲擊傷人罪成，一人脫罪。判罪的刑期由
判入教導所至入獄九年不等。當中有人因此事而悔悟，
有人在獄中做了父親，有人努力讀書，也有人保釋期間
犯了另一案。可是阿英父母對阿英的死仍耿耿於懷，認
為刑期太輕，英父聲明不會原諒眾人。究竟眾人拿阿英
來「玩」是 Truth，還是集體壓力令一眾少年 Dare to 施虐
是令阿英喪命的原因呢？為什麼阿英雖然經常被虐打，
經母親和姐姐勸說，仍不肯離開阿寧家？這樣「玩」是朋
友嗎？

　　夜幕又籠罩着阿寧和 Toby 等人經常出沒的屋邨，一
群又一群沒父母管束的青少年又跑到屋邨的涼亭附近。
有的找人聊天，也有些孩童們繼續「隻揪」（對打）以顯
示「實力」，免被人欺負。聯群結黨的文化沒有因為阿英
的故事而畫上句號。

CHAPTER 3

愛恨交纏

有時愛很簡單，喜歡就是喜歡，但當其中一方愛得失控，又或另有目的，一切都變得複雜，無法解決時，就會釀成悲劇，旁人無法理解，也無法干涉。眾多謀殺案的起因，由愛情衍生出來的為數不少，被殺的或是愛侶，或是情敵，很多時殘殺過後，更要不仁地對待屍體，是因為愛得愈深恨得更深？還是朝夕相處時積怨太深？爭、吵、打、罵不會令愛增長。別讓愛變成遺憾。

綠帽恨

　　彭醫官剛從英國修畢法醫課程回來不久，雖然他幹的是法醫的工作，但政府尚未設立法醫這個職位。在某個冬天的早上，他又被召喚到案發現場，地處香港仔壽臣山一幢水務局工人宿舍，位於半山郊外的地方，四周無人居住，只有樹林，環境清幽，這駭人的命案破壞了那裡的寧靜。這些年來彭醫官已習慣了到不同的地方工作，只要能協助建立一個和諧共存的社會環境，即使是攀山越嶺，他也絕不介意。今天他又與大批警務人員爬上一道長長的斜坡，趕到現場，有點遠足的感覺，但心情卻並不暢快，因為又有一條生命損失了。

　　現場是一幢簡陋的單層小平房，是在那裡工作的水務工人宿舍，宿舍旁有一個大水箱，水箱的體積剛好與平房相若，死者就躺在宿舍與水箱之間。宿舍只有一間房，但已住了死者阿來和姓陳的一對夫婦，揭發命案的正是陳姓夫婦。房內只有一扇窗，恍似為黑暗的房間帶來光明的一個缺口，那扇窗剛好把阿來的床與陳姓夫婦分隔開來，窗前放了一張木桌，木桌上放了一件重要的證物，點出了整個案件的來龍去脈。陳姓夫婦往黃泥涌

坳警署報案時，手上正是拿着這件證物，與警察重返現場時，他們把證物放回原處，方便調查工作。

　　彭醫官到達現場已是次日的清晨，證實衣衫不整的死者已死去約十小時，接着檢驗和記錄死者的表面傷痕，並與在旁負責拍照的警員瞭解案情，拍下數幀死者所處位置、受傷情況、證物和現場環境的照片。初步估計死者是死於頭部被襲擊，引致腦部受傷致死。死者面部、胸前和手腳也沾滿泥污，相信死前曾伏於地上掙扎過，而在死者頭部旁邊，有兩個小洞，相信是由現場覓得的斧頭所造成，另外在現場還搜獲疑是兇器的一柄菜刀、一柄鐮刀和一把鐵鎚。

　　那天下午，彭醫官已在港島西區的域多利殮房進行阿來的屍體解剖工作，阿來是一名五呎六吋高身材頗健碩的水務局工人，身上有多處傷痕，僅是前額已有五處深入的斜口傷痕，部分是由利器所致，部分是由鈍物所致。致死的頭部傷痕有兩處，分別是左側太陽穴位的頭骨碎裂及右面橢圓形的頭骨下陷，死者亦有腦部出血和腦髓流出的現象。從表面傷口的面積和頭骨碎裂的跡象推測，頭部傷痕應是由重的鈍器造成，與現場尋到的鐵鎚吻合，而尋獲的鐵鎚上的血漬屬 A 型，與死者相同，據陳姓夫婦證實案發前並未見過該鐵鎚，相信是由疑兇帶來的。

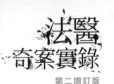

除致命傷外，死者頭上尚有多處 T 字形、三角形、不規則和橫豎等表面或骨裂傷痕，包括因眼內出血所致的雙眼眼瞼紅腫、鼻骨受創、不規則的嘴部傷痕，以及該部位的骨和牙齒碎裂。另胸部多處被利刃所傷和左側肋骨骨折，頸部、肢體與身上也有多處抓痕和瘀痕。以上的創傷跟現場尋到的另外三件兇器：斧頭、菜刀和鐮刀所能造成的傷痕相似，如斧頭可造成三角形傷口。在斧頭上的血漬，亦驗出是與死者吻合的 A 型血，而菜刀和鐮刀上的血漬因量少，所以未能驗出血型，但可證實是人血。

從死者的傷勢可見他死前曾受到極其暴力的對待，如此對待死者，相信兇徒對死者是極之痛恨，且痛恨的程度在疑兇留在現場的兩句留言中可見，該留言正是前述放在窗前的重要證物，內容是：「你取我妻為妻，我要你命對數，阿金字。」

要說這宗懷疑情殺案，得從疑兇阿金與妻子阿容說起。阿容與阿金自小在鄉間認識並結婚，案發時二人已結婚八、九年。阿金在鄉間務農，據說阿金有虐妻的行為，因此當阿容得知阿金之同姓同鄉阿嬌在港自謀生計，便趁機離鄉往港投靠她，阿容到港後亦住在阿嬌的黃竹坑村住所。二人同幹苦力，此間阿容認識了死者阿來，二人過從甚密，其間阿金亦曾到港幹過苦力，但未幾便回鄉繼續務農。鄉間的阿金後來聽到阿容在港與人

有染的消息，便立即再度來港，此時阿容已不是住在阿嬌的住處。阿金從友人那裡打探，得知阿來的住處，當天晚上便夥同阿嬌和另外三名同鄉前往阿來的平房。在漆黑的路上各人僅靠一枝電筒照明，心情均異常沉重，相信阿金的怒火正燃燒着。

平房的大門虛掩，沒有上鎖，因門鎖壞了，阿金一手開門，一手用電筒照到阿來床上，竟發現阿容躺在床上。阿金一言不發，立刻扯着她離開，阿來亦不甘示弱追出，吹起警笛。此時同住一室的陳太已被吵醒，她從圍着床的蚊帳縫中望出床外，在電筒的照耀下，她第一次看到矮小的阿金。阿金達到搶回妻子的目的，也沒跟阿來糾纏便離去。就是這樣揭開這宗三角戀的正式序幕。

在這互不尊重的夫妻關係情況下，阿金為顧全體面，硬將阿容帶回鄉，免她繼續與阿來鬼混，招來親友的笑柄。可是阿容已下定決心，決意要離開阿金，過她認為較愜意的生活，她逃離阿金家。阿金無法擺脫妻子給他這種恥辱，於是再次來港尋妻，但不果。從早到晚，他不知花了多少時間反覆思量這事情，最終認定是阿來藏起阿容，再想想自己身材矮小，向阿來要妻子只會引來阿來的恥笑，要想個辦法才行，於是他往找同鄉勝哥幫忙。

勝哥教阿金先寫字條恐嚇阿來，阿金依計寫下字

條。為免引人注目，二人約定晚上才一起去找阿來。阿
金兄弟攜帶了武器[1]往阿來的平房，勝哥手持電筒引路，
阿金跟在後面。黑夜的寂靜，無法令阿金冷靜下來，像
上次一樣，阿金推開屋門，便用電筒照向阿來的床上，
但這次只有阿來躺在床上，一陣刀光血影，阿來被斬至
大喊救命，另一邊床上的陳太，在蚊帳縫看到二人正拖
阿來到屋外，陳太嚇至大叫救命，然後奔下山躲藏。

　　山下的人忐忑不安，山上的人繼續失卻理性，阿金
兄弟你一鎚我一刀，不知二人中哪個擊中阿來的要害，
將阿來活活打死，阿來的血漬濺到兩旁的石屋和水箱壁
上，部分高至五呎。殺人後阿金依勝哥的建議，取走一
套阿來的衣服換上，逃到附近的樹林裡，棄掉血衣。阿
金瑟縮在叢林間，不只身體顫慄，寒意更直逼他的心
房，腦袋只渴望一點點平靜，但阿來的死狀卻不時強行
闖進，如何熬過這樣的一個漫漫長夜？幸好黑暗過後總
是黎明，鳥鳴翩至，陽光從樹影間鑽進他的瞳孔內，使
他漸漸從迷惘中逃出來，心想只要不接近人群，他的心
該會感到略為安穩。

　　可是未幾阿金聽到人聲，他戰戰兢兢地走近樹林邊
的一個豬欄，有數人正在檢視他昨夜棄掉的血衣和瑣碎

1　阿金作供時稱沒有帶武器往現場，但據案發單位居住的陳姓夫婦稱，之前
　未曾見過證物中的鐵鎚和菜刀，鐮刀和斧頭則屬陳姓夫婦，鐮刀案發前是
　放於阿來床底的，可能是混亂中被阿金兄弟或阿來取用。

物件，再細看，那些人腰間繫着鎗，知道可能是前來拘捕他的人，阿金惟恐被人發現轉身想逃。正當他準備潛回樹林深處時，有人在他身後喝令他停步，阿金自然反應地回頭一顧，然後拼命逃走，警務人員只好開鎗，但仍阻止不了阿金離開。就這麼一回望，令警務人員於翌日拘捕他後，能認出在樹林中逃走的正是他。

在樹林匿藏並不好受，阿金沒得吃沒得喝，已餓了兩天，他知道即使能逃過警方的追捕，也敵不過大自然給他的考驗，正當他在樹林中掙扎着應否自首時，一名林護員發現了他。阿金心想待在這裡望天打卦，倒不如投降，說不定還有一線生機，能洗脫控罪，因此當林護員將他交給警方時，他並沒有作出反抗。

彭醫官於案發三天後，見到疑兇阿金，阿金十分合作。彭醫官經阿金的同意下檢驗阿金身上的傷痕，主要是一些皮外傷，且應是四十八小時內造成的。因為傷口邊仍呈紅色，而傷口結焦處並未變黑，所以阿金的傷口應全是案發後所造成，並不如他自稱是阿來所傷的。

經多方面的證供顯示，阿金攜帶武器往找阿來，並在阿來睡着時行兇，是蓄意置阿來於死地。陪審團花了八十分鐘，一致判斷阿金謀殺罪成，法官隨即戴上黑冠，判處阿金縊首死刑，並向阿金解釋：「獄吏會將你帶回原來的監獄，候期解往刑場，執刑官將以繩縊首，將

你吊至氣絕，屍體將由港督擇地安葬。」阿金早料到會有這一天，但仍不免有點心悸，身不由己地隨獄吏離去。

　　阿金至死仍喊冤，但上訴失敗後，仍難免一死。據當日法庭留下的文件所見，阿金與勝哥是一起往阿來家的，但奇怪的是勝哥在庭上作供時，只被問及字條的事，並沒有被問及襲擊阿來時的情況，然而阿金一直堅稱阿來是勝哥殺的。雖然勝哥並沒有殺阿來的動機，但這個可能是有的，因為以阿金的身材，他未必是阿來的對手。阿金對阿來的死責任難逃，但勝哥亦不可能不用為自己的行為負上絲毫責任。勝哥有否被起訴在報章和法庭文件內也無法得知，原因何在相信只有與案有關的工作人員才會知道。

　　法醫其中一項重要的工作是按疑犯和受害人的傷勢來估計案發的過程，以證明控辯雙方所提出的案發經過是否屬實。因為疑兇有可能會編造故事來令自己脫罪，而指控者亦有可能基於某些原因誣陷疑犯。

愛情代價

　　九姐一邊暗自歡喜地打量屋內的情況，一邊指點裝修工人如何裝修新家。在六十年代，以六萬五千元的便宜價錢就能買下這樣的單位，不得不佩服自己議價的功夫了得。雖然這幢樓宇的住客不一定都是大富大貴的人，但落成不過一年多，與新樓分別不大，環境清幽，而且其中一邊還面向馬場，鄰居都是高級消費人士，住在這裡人也感到高尚點。

　　九姐走到屋後方的睡房，打開房門，房間竟出奇地漆黑。由於上手租客欠租多月，想必連電費也沒有繳交，所以單位內沒有電，不能開燈。九姐只好讓一讓身，讓單位另一端的陽光透進去。九姐細看房間，發現所有窗的玻璃均鬆上綠色，而且還有落下的百葉簾，令陽光進不了這房間，使房內有一種陰寒的霉味。九姐於是把百葉簾和窗打開，耀眼的陽光立即照進屋內，九姐連忙用手輕擋陽光，陽光帶引她的視線往單位的廚房瞧去。九姐挺怕那種霉味，撥動兩下空氣，便掩鼻離開房間走向廚房，讓陽光先趕走那令人難耐的氣味才再進去。

　　廚房頗整潔，九姐蠻喜歡，只是灶頭看來有點不對勁。一般灶基也會留下空置的地方放廚具，但這個灶基卻是密封的，而且還鋪了白色磁磚，雖然看來美觀，但九姐卻認為不大實用，於是喚來工頭，請他明天將這灶基拆掉，改為廚具架。

　　步入炎夏的中午，裝修工人敵不過高溫的煎熬，上身已脫個清光，但汗水仍不斷地從身體各處湧出。負責拆灶的工人持着鐵鎚用力地往灶基搥下去，每搥一下，微弱的震動伴隨着沉重的「碰碰」聲，令整幢樓宇的人跟隨着它的節奏晃動。鐵鎚聲戛然停止，突如其來的寂靜令各人有點不習慣。屋內另外兩名裝修工人卻聽到廚房傳出喃喃的聲音，他們有點奇怪，於是走進廚房察看，只聽到負責拆灶的工人喃喃地道：「有隻人手！有隻人手……」

　　警方接報趕到案發單位，一面封鎖現場，一面向這大廈的有關人士套取證供，同時亦請來工務局與法醫到現場勘察環境，研究如何將屍體掘出。警方除了替裝修工人落口供，當然還請來新業主九姐，詢問她買樓的情況。九姐原本喜悅的心情，真的一下子滑落到最低點，想不到花了數萬元的積蓄，竟買了一所兇宅，不單惹來麻煩，更不知該搬來這裡住，還是讓它空置，因為這樣的住宅哪有買家？所以當警方向她查探大業主的聯絡方法時，她第一時間告知警方，並纏着負責查問的警員，

看看有沒有機會取回買樓的錢。

　　大業主稱這幢大廈落成後，案發單位一直沒有租售出，直至去年九月才租出給一位自稱阿森的華僑。自去年尾開始，租客開始拖欠好幾個月的租金，大業主派人往該單位收租又未能尋獲租客，於是便向法庭申請收回單位，並拍賣屋內的物品。鄰居稱只見過姓林一戶曾在該單位出入，但這戶人家卻相當神秘，很少出入大廈，去年聖誕過後，更連他們的工人也絕跡於大廈。最引人注意的是無論日夜，單位內都落下百葉簾，鄰居無法得知屋內的情況。最後一次見到屋內有人的是一位住在對面單位的鄰居，她偶然看到一對母子在廚房內出現。自此單位便被遮掩得密不透風。警方得知該單位的住客只得一戶，尋找死者身份或疑兇的調查範圍便可縮窄。

　　工務局派人勘察環境後，認為挖掘屍體對樓下居民沒有影響，便派數名工人，在法醫王醫官的指導下將灶基鑿開。灶基裡面是英泥和沙石，外層圍以紅磚，然後用灰沙批盪，並用白磁磚鋪面。由於之前部分灶基外層已被鑿過，工務局工人的工作主要是將英泥逐少逐少鑿開，小心翼翼地從英泥中揀出屍體殘骸。

　　挖掘的工作相當難耐，一方面因為挖掘時，屍體發出的臭味異常強烈，在場的人點了西藏香仍難驅臭氣。另一方面因為該單位沒有電，所以警方需向鄰近的單位

借電亮燈，工人們挑燈夜掘至凌晨。需要在場監察挖掘的人也儘量遠離挖掘地點，有經驗的人知道碎橙皮可除屍臭，但對付濃烈的屍臭味，碎橙皮也發揮不了作用，眾人應付惡臭仍是束手無策。

挖出的屍體已被人切碎，包括兩個人頭骨，頭髮已脫落，相信是屬於一個大人和一個小孩的，但面部之皮肉已嵌英泥中，無法辨認。另在斷脛殘肢中，其中一人指甲塗了指甲油，所以估計其中一名遇害者是婦人。除此之外，屍身上並無發現遺物。兩名遇害者的特徵和身份，要等王醫官解剖後才能確定，但警方已可將此案列作兇殺案。

挖掘後的藏屍坑仍依稀可見人形，人皮腳印還黏在英泥塊上。兩具屍體雖然腐爛，但因埋藏屍體的是石灰、細沙、英泥等物料，不透風，所以並無長出屍蟲[1]。這同時亦顯示出死者是在死後一段短時間內被肢解和藏於灶內。王醫官從屍體腐爛的程度，初步估計屍體已被埋數月。

根據大業主提供的資料，警方找到較詳盡的華僑租

1　屍體發出的腐臭味會引來蒼蠅等昆蟲在屍體內產卵，蟲卵會在屍體內孵化。由於不同地域、不同氣候和不同的現場環境會引來不同品種的昆蟲腐蝕屍體，而不同品種的昆蟲會有不同的生命週期（life cycle），法醫便可根據那些屍蟲估計死者的死亡時間和地點。本案的屍體是在昆蟲未及孵化，甚或產卵的期間內，被藏於英泥、細沙等不透風的環境，沒有空氣令屍蟲無法生長。

客阿森的資料。阿森是一名印尼華僑，於荷蘭讀高中，樣子英俊，口齒伶俐，會説多國語言，包括荷蘭語、英語、爪哇語和略懂巽達語。他在香港的職業是一名汽車經紀，但據其同行稱，他生活奢華，非一名普通汽車經紀所能負擔。

警方發現阿森曾在港涉及一宗毒品案，他們便立刻前往阿森曾出現的石屋搜查，可惜並無所獲。可幸警方從印尼領事館取得他的照片，將之刊登在各大報章，希望能找他協助調查。前文提及大業主曾申請拍賣屋內物品，警方呼籲所有曾買下那些物品的人，將買得之物件交給警方，因此尋獲兇宅內三把利刀，警方懷疑那些刀與案件有關。而樓宇的看更更證實阿森在九月期間曾買沙泥，令調查此案的方向更明朗。

掌握了疑兇身份的基本資料後，警方派高級刑事偵探警官飛往印尼協助緝兇。同日（即案件被揭發後第三日），警方首次為此案舉行記者會，呼籲與阿森同居的印尼護士 Lily 和她的兒子阿東或認識二人的人與警方聯絡。二人自八個月前來港後，並無離港紀錄。警方並首次公開表示懷疑母子二人為案中的受害人，至於謀殺動機則暫未查明。

出境紀錄顯示阿森於去年九月離港，但剛放完假復工的一位看更稱五個月前聖誕節時，阿森曾拿着大皮箱

至管理處借電話，用一口流利的英語與電話的另一方談話，之後就再沒有出現。警方對阿森是否已離境成疑，因此要求國際刑警協助調查。

此時王醫官已開始替兩名受害人「解剖」。被掘出的成年人屍骸，被分為八份，包括頭、軀幹和左右手，而左右腿則各分為兩份。頭顱上已全無頭髮，頭骨有一處凹陷的碎裂傷痕。頸部軟骨尚在，並無受傷的跡象。被肢解的屍體已腐爛不堪，很多皮膚和骨頭都已不知去向。估計這名死者年齡約為二十五至三十五歲，身高則約五呎至五呎二吋。死因應是頭部受硬物襲擊，或因頭部撞向硬物引致頭顱骨折裂而死，但無法估計屍骸被埋在灶底多久。而那具兒童的屍體則被肢解成六份，死因和性別均無法辨明。

掘出屍體後，藏屍處的表面比預期乾涸。王醫官取了該處的英泥化驗，發現英泥內的血和人體的水分並不多，因此認為二人是死後被肢解放血後一段時間，才被埋在灶基。若是新鮮肢解的屍體會有許多血液和水分從人體流出，滲進英泥內。

由於部分骨頭尚未尋獲，警方於是再往藏屍處，細心檢查英泥塊，找出了一些零碎的手指骨、腳骨和頭髮等。掘出的婦人之頭髮短而直，但據印尼警方提供的資料，Lily 的髮型應是長而曲，至於死者會否已轉髮型，暫

未可知。因此王醫官還得從其他證據，證實死者的身份。

　　經最後一次到藏屍處搜索後，仵工便點了香燭燒冥鏹求個心安，然後清理現場。雖然經過數天的時間，但兇案單位仍臭氣薰天。從單位搬出那十一大籮、約一噸重的英泥塊，放在樓宇附近待運時，途人經過也難忍臭氣，掩鼻而行。最後藏屍的英泥被運往灣仔，用以填海。

　　Lily 之父為印尼的戲院商，家財甚豐，而 Lily 在印尼的社交活動也很活躍。年前與印尼富商阿僑結婚，二人育有三名子女，一家本來樂也融融。後來樣貌俊俏的阿森出現，成了他們的司機，甚得 Lily 的歡心。不久，阿僑因在一次交通意外中受傷，以致行動出了毛病，Lily 便藉故與他離婚，長子長女歸阿僑，幼子阿東則歸她撫養。

　　Lily 離婚後瞬即與打得火熱的阿森同居。阿森知 Lily 私蓄甚豐，便慫恿她攜款來港做生意，以套取外匯返印尼，據悉款項高達數十萬元。由於印尼不准攜現款離境，於是 Lily 以印尼盾購買鑽石飾物等，攜來香港再轉換現款。Lily 來港後亦有寄信回印尼給父母，謂旅途愉快，並稱不日返家。詎料 Lily 並沒有如期回家，阿森卻攜 Lily 的親筆信出現，要求 Lily 父交出 Lily 的物業，但被 Lily 父拒絕，Lily 父亦因此無法知道 Lily 的下落。阿森未能如願，竟稱 Lily 父侵吞女兒的私產而告上法庭，至今此案尚未判決。

　　屍體被掘出後差不多一個月，Lily 的前夫兼阿東的生父阿僑，聯同 Lily 的父母從印尼來港協助查案，並攜同阿森寄給 Lily 的情信、阿僑與 Lily 的結婚與離婚證書、阿東的出世紙、Lily 在港寄給父母的書信等物件，希望有助警方查探 Lily 兩母子的下落。

　　王醫官細心地將屍骸縫合，方便死者親屬認屍。王醫官惟恐變了樣的屍體難於辨認，請阿僑攜帶了 Lily 與阿東的衣物、牙齒紀錄來港。

　　搬入案發單位前，阿森與 Lily 和阿東曾入住一所高級招待所。阿僑等三人為了有接近 Lily 母子的感覺，來港後便暫住該招待所。在 Lily 父母眼中，阿僑是個再好不過的女婿了，此行也是他為兩老打點一切，很可惜女兒卻為了一名騙子放棄了一個好歸宿，以及與兒女一起成長的時光，更悲慘的是換來這樣的下場。這次兩位老人家也要依靠阿僑認屍，因一個曾是他的妻子，一個則是他的兒子，比 Lily 父母更熟悉兩名死者的特徵。

　　阿僑三人先在警署證實在兇宅單位尋獲的一套女裝衫裙為 Lily 所有，然後再到殮房認屍。為了避免 Lily 母過度傷心，只有阿僑與 Lily 父在王醫官和警方的陪同下往認屍，因 Lily 有假哨牙，其中一隻更是「磁牙」，二人便憑 Lily 的假牙，還有其他特徵認出 Lily 的屍體。為確保二人身份無誤，阿僑將從印尼帶來的一對屬於 Lily 的平底鞋和

長手套，以及阿東的一雙平底鞋，交給王醫官。王醫官用這些物件，以量骨的方法證明屍體為鞋和手套的主人。綜合牙齒、遺物、度骨與環境證據等，警方確定了死者的身份為 Lily 和阿東。

　　死者身份得到證實後，警方便集中追查阿森的下落。既然事件可能由錢財引起，於是便着手調查他的銀行戶口。阿森在香港一所國際銀行開設了一個戶口，可在世界各大城市提取現款，案件被揭發後，戶口尚有大量存款。經筆跡專家鑑別，阿森在印尼時是用右手簽名，在港卻改用左手簽名，顯然他是處心積慮要謀奪 Lily 的巨款。另警方在拍賣兇宅物品中尋獲的三把刀中，經一名曾接待阿森住了一段時期的女子證實，在碎屍案未被揭發前她原本曾擁有一柄類似的刀，可是後來卻遺失了，這更進一步證明阿森向 Lily 母子下毒手是早有預謀的。

　　認屍完畢，三證人還簽署了書面口供才離港。書面口供可作呈堂之用，代替三人親身登庭作證，這樣三人日後就不用為死因庭或兇案審訊再度來港，舟車勞頓。

　　三人本想先安葬死者後才離港，可是疑兇尚未找到，與警方商量後，惟有以特別的方式安置死者的屍體。Lily 與阿東的屍體以棺木殮好，土葬於政府和合石墳場內。因為兩具碎屍隨時需要在案件審訊進行中，開棺取

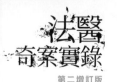

出呈堂作證。因此，兩具屍體在警官目擊之下入殮，然後由專家以火漆封棺蓋的邊緣並蓋印，如機密信件蓋上漆一樣。相信這為本港開埠以來之首次特別殮葬方法。

下葬前，Lily 母由警方陪同下到案發單位拜祭，超渡亡魂。當她見到那個挖空的灶，就像她的心被挖空了那樣，禁不住以拳頭擊牆，痛哭失聲。不知是否 Lily 母的哭聲傳到了天上，Lily 出殯時天下起豪雨，殮房外逾百圍觀者衣衫盡濕。仵工將屍體入殮時，Lily 父親自監督仵工將碎屍堆砌齊整後，認為滿意始下葬。王醫官親睹蓋棺後，兩副棺木便抬出公地供拜祭。

當三位傷心人準備離港之際，阿森被捕的消息傳來。三人如釋重負。狡猾的阿森逃走路線相當迂迴，先由香港逃到耶加達，再經蘇門答臘的直鹿勿洞到新克浦，然後逃到廖內，最後由廖內偷渡到新加坡其間被印尼警方拘捕。

三名專案小組官員（包括王醫官），為協助印尼警方向阿森套取事件的真相，便攜同 Lily 母子的頭骨飛往耶加達。二人的頭骨由一個高一呎闊一呎的木箱盛載，木箱上貼有兩張紙，分別用英文字寫上「香港警察總部」和「香港警察實驗室」字樣，保安十分嚴密。

王醫官應阿僑的要求，希望再三證實死者的身份，

在印尼期間，他會見曾檢查Lily牙齒的牙醫。牙醫證實被掘出的頭骨所發現的三顆假牙是出於他手的，其中以「磁牙」最具識別功能，因牙醫會用特定的磁鑲嵌或補牙。

由於阿森（疑兇）與 Lily 母子（受害人）均是印尼人，所以印警希望該案在印尼進行審訊。雖然港警極希望審訊能在本港進行，但這已牽涉到政府級的問題，已非警力所及，所以三名專案小組官員攜受害者頭骨先返港。

印尼警方經過年多的調查盤問，阿森終在印尼承認殺害了Lily母子。印尼警方迅即落案起訴阿森，控以兩項謀殺罪名。為了協助審訊的工作，四名印尼警員到港搜集證據，包括人證和物證。

阿森案發前曾當過刑警一段長時間，並以工作幹練見稱。到港的印尼警方代表蘇達上校形容阿森是一個聰明、狡猾、口齒伶俐、外表漂亮的人，是一種「犯罪天才」型人物。印警在港搜集證據三週後，兩遇害者的頭骨又再次被帶上路，這次尚有十五件其他證物同行回印尼。

又再過了年多，王醫官和十多名證人前往印尼耶加達法庭為此案作供。法官判案時稱，阿森是在突然的極度憤怒中，將死者Lily擊斃，然後在地上打死目擊一切的

阿東,並沒有提及阿森和 Lily 在金錢上或感情上的轇轕。根據香港報章的報道,真相似乎仍是撲朔迷離,究竟阿森殺人目的是為了愛,還只是為了錢?無法得知。不管阿森殺人的真正動機是否謀財害命,他最後只是被裁定誤殺罪名成立,被判刑二十年,那時已是案件被揭發後三年了。阿森在判刑前數天的審訊中,精神表現得極度緊張。被判刑後,阿森的緊張神情隨即鬆弛下來,神色恢復鎮靜。審訊時間約一年,打破了印尼歷來紀錄。

無情愛郎

　　一群警務人員正在包圍沙田一間村屋，屋外各人屏息靜氣，準備入屋調查一宗製毒案，目標單位位於村屋的二樓。警方拍了多次門，仍沒人應門，於是毀門進入單位內。斜陽映照入單位的睡房內，一對男女 David 和 Kitty 正神遊雲霧間，享受毒品帶給他們的快感。警員拘捕他們，在單位內搜索證物，萬料不到，竟發現了一件令人顫慄的「證物」，還有一對比毒品還要毒的情人。

　　警方日前接到投訴，上述單位排出臭氣薰天的污水，懷疑有人在單位內製毒，於是策劃是次行動。警方搜索製毒工具時，在三樓浴室內，發現一個極可疑的大鐵箱，鐵箱隱約傳出一股臭味，有經驗的警員已皺一皺眉，心知不妙，於是召集了多名警員，希望合多人的力量撬開鐵箱。鐵箱打開時，一陣白煙冒出，雖然沒有魑魅魍魎等跳出來，但周圍的人仍不禁退後一步，因為箱內的腐蝕液體氣味難耐，但最令人噁心的是在腐蝕液內浸着一些白骨，其中一塊骨類似人類頭骨，警方立刻傳呼所有處理命案的職員前來，當中當然包括法醫。

　　警方深信這宗命案必與屋內二人有密切關係。David 是個很狡猾的人，他知道警方對於箱內所藏人骨的身份暫時沒有任何頭緒，非常鎮定地回答警方的提問，只說箱內藏的是女友的愛犬，拒絕透露死者身份。至於 Kitty，雖然沒有 David 那樣氣定神閒，但也拒絕透露死者身份，所以確認受害人身份的重責便落在法醫身上。

　　為防止屍體繼續被腐蝕液體侵蝕，法醫讓法證科的同事先取鐵箱內的液體樣本，然後便倒了箱內剩下的液體，倒的過程要小心地將液體內的渣滓隔開留起，因為那些渣滓內可能含有一些重要的證物，甚或一些碎骨。最後，法醫將整個鐵箱搬返殮房驗屍。

　　解剖受腐蝕液體侵蝕的屍體前，殮房助理（mortuary assistant）會先將屍身上的液體沖走，法醫工作時也要帶上多層醫用手套作保護，是次所用的腐蝕液體俗稱「哥士的」（caustic soda），會溶解人體組織，令屍體像塗上肥皂般，很滑，而且膚色、頭髮會變質，骨和牙齒會是最後被分解的。從屍骸的溶解程度估計，受害人死去已有數天。由於皮膚應是最先被破壞，所以指模很快便會消失，但可能由於死者的手未完全浸於腐蝕液體內，所以尚殘留部分指紋，有助調查死者身份。由於案中的屍體浸在腐蝕液體已有一段時間，血液和肌肉大部分已開始溶化，所以檢驗血型 [1] 遇上困難，只剩下

1　案件發生在八十年代末，當時香港仍未流行用 DNA 確認身份，因為當時香港化驗所 DNA 核對身份的技術尚未成熟。

骨頭和牙齒能提供線索讓法醫尋找受害人身份。剩下的骸骨除了 David 所説的狗骨外，還包括一個人類的頭骨。頭骨有被襲擊引致的裂痕，雖然這可能是致命傷，但單憑這點未能確定死因。

　　法醫會從骸骨的大小、形態、頭骨和最重要的盤骨來估計死者的性別和大概年齡。頭骨方面（見圖 1），男性眶上骨嵴（supraorbital ridge）和枕骨粗隆（occipital protuberance）較突顯，女性則較細長；此外男性的下顎骨較長和闊，而女性則較短。女性又因天職要生孩子，所以盤骨入口（pelvic inlet）較闊和短，而且骶骨（sacrum）的表面積較大（見圖 2）。法醫觀察過死者的骸骨，估計受害人應是年輕女性。幸好頭骨和牙齒尚算完整，令法醫可選擇用法齒學（又名法醫齒科學）、顱像重合法（superimposition）和面貌復容法（facial reconstruction）等方法，估計或確認死者身份。

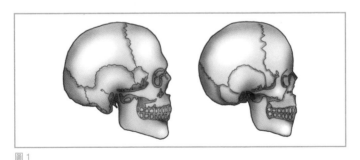

圖 1

左面頭骨的眶上骨嵴和枕骨粗隆較突顯，是屬於男性的頭骨。右面的下顎骨較窄和短，則是女性的頭骨。

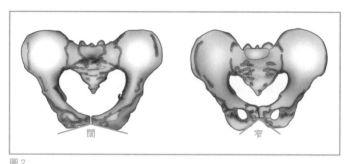

圖 2

左面的女性盤骨較右面男性盤骨闊和短，而且骶骨表面積較大，這是協助女性生育的生理結構。

　　每種方法有其獨特的用途，法齒學是香港較常用的一種，但這種方法先要有懷疑是受害人的牙醫紀錄，如哪顆牙齒是蛀牙或假牙，哪幾顆牙曾修補過，用什麼物料修補，有沒有戴牙箍，是什麼類型的牙箍等，最理想的當然是有死者的 X 光照作對比，一目了然。這個方法確認受害人身份頗準確的，因為每個人的牙齒有其獨特的形態，如指紋一般，再加上牙齒的「歷史」，令準確性更高。

　　顱像重合法跟法齒學一樣，需要有對比的對象才能進行，方法很簡單，將懷疑是受害人的正面照片與頭骨 X 光照，利用疊影的方法，將兩者拼在一起，看照片的頭形與 X 光照是否吻合，準確性比想像中高，因為每個人頭骨的形態、大小和肌肉厚度也因人而異。香港最後一

宗囚犯被判死刑的「三狼」案[2]，便是靠這種方法證實死者的身份。

　　當警方對受害人身份茫無頭緒，就會聘請雕塑家用頭骨重塑受害人的樣貌，這種為面貌復容法。復顱專家便利用過相似的方法，重現古埃及法老王圖坦卡門（Tutankhamen）的容貌。這種方法需要有臉部不同部分肌肉厚度數據的研究和熟悉這類工作的專業雕塑家。從事這項工作的雕塑家需要對人類面部不同部分的不同肌肉厚度很熟悉，而且不同種族的人面部肌肉厚度會有少許出入，因此這項工作並非普通的雕塑家能夠擔任。其他國家利用復容法尋找死者身份的成功率頗不俗，但香港只是一個小地方，人口稠密，真正人間蒸發的人不多，因此花在尋找失蹤人口的警力也較其他國家少，所以直至近年香港才有學者進行有關技術的嘗試。

　　案中死者身份不明的消息在報上刊登，引來多名失蹤人士家屬查詢，大部分家屬查詢的失蹤者多是在沙田失蹤的，警方當然不會放過任何可使案件更明朗的線索，但按警方處理命案的經驗，通常受害人多與死者有關，於是他們從案發現場開始調查。警方從村民口中得悉，有一位空姐經常在發現屍體的單位出現，不過最近

2　「三狼」案發生在一九五九年六月，三名被告被控謀殺。該綁架案便是靠顱像重合法證實肉參黃應球的身份。三名被告是香港最後三個被判死刑的犯人，三人問吊的日期是一九六二年十一月二十八日。自此以後，香港再沒有執行死刑。

並沒有見到她的蹤影。

　　警方循這方向調查，該名空姐名叫 Brenda，命案揭發前數天，她所屬的公司已發現她沒有上班，她的同屋也謂 Brenda 於失蹤前一天凌晨，接到一個電話後離家，之後再也沒有見到她。可是另一方面，Brenda 的妹妹於她失蹤後的兩天生日，當天卻收到 Brenda 送的花，但經警方調查後，發現訂花者並沒有親身出現，所以初步仍懷疑死者是 Brenda。Brenda 的銀行戶口於她失蹤後，有人提取過巨款，而最重要的是 Brenda 是 David 的前度女友。警方有了受害人身份的明確目標，便可利用指紋和法齒學確定死者的身份了，而兩項鑑證方法均證明死者是失蹤空姐 Brenda。

　　能夠證實死者身份令調查有很大的突破。死者曾借錢給 David，亦有說 Brenda 不滿 David 與 Kitty 的關係，與 Kitty 素有嫌隙，殺人動機有可能與金錢有關，也可能牽涉三角戀情。案件開審時男女疑兇各自的律師以對方與 Brenda 的不良關係，來互相攻擊，企圖洗脫謀殺罪名，最後陪審團認為二人皆有浴室和鐵箱鎖匙，難以逃脫謀殺罪名，法官依例判兩人死刑後，再改判終身監禁。

　　此案後來廣為人知，除了疑兇 David 冷血，對死者屍體的殘忍處理方法外，他對女性的手段也令人驚訝，令兩位與他有關係的女性為他死心塌地，一死一終身入

獄，後來更與前往探監的傳教者結婚，並由其妻子替他
翻案成功，其妻子更戲劇性地在庭內痛哭求情，種種細
節至少拍成了兩齣電影《溶屍奇案》（1993）和《郎心如
鐵》（1993），將案情重組，加入創作者對四位涉案人的
看法，用不同敘事方式拍了出來，有興趣的讀者可以參
看那兩部電影。在此不再重提審訊的細節。在這裡只想
提出法醫與科學鑑證工作，對調查毀屍滅跡案件的重要
性，而毀屍滅跡也不如一般人所想，是掩飾暴行的良方
妙法。

觸電感覺

　　已是深夜時分，一群學生在一間漆黑的房間中圍成一個圈，有的躺在窗台雙手墊着頭，有的緊擁着枕頭，有的懶洋洋地倚着牆。縱使他們的坐姿全不相同，但注意力全都集中在他們的組爸（即組長）身上。組爸拖着低沉的聲線告訴大家那人留下一張字條在桌面，字條最後一句是「我會回來的」。那天晚上，他的同房不敢踏進房間，所有一樓的宿生全都搬進一間房睡。自那天之後，沒有人敢搬進那房間，後來有一位外籍交換生不知就裡，搬了入那間 111 號房，不久也嚷着要退宿。最後為免引起聽聞此故事的新宿生不安，舍監將一樓房間的門牌全部調轉。今天已不知哪間房是 111 號房，但據説 111 號房門前的地磚是紅色的，因為⋯⋯

　　每年大學的迎新營，總有一個晚上由師兄師姐説鬼故事的習慣，這夜那個組爸説的鬼故事，連組爸也以為只是一個傳説，其實他所説的是一件真人真事，但故事發生在十多年前，流傳至今已增添不少異色，變成了一個鬼故事⋯⋯

　　Derek 在迎新營當組長，帶領一班師弟師妹認識大學的生活，在營內他遇上了 Peggy。Peggy 斯文優雅的外貌，令 Derek 只不過望了她一眼，便已「觸了電」。Derek 是學院內才貌出眾的學長，因此 Peggy 在眾多的追求者中選擇了他，他們的愛情便這樣開始了。

　　二人郎才女貌是眾所周知的，連他們二人也以為他們會是天造地設的一對，但當二人相處下來，問題便開始出現。女孩子通常是比較敏感的，很早已發現二人無論在思想、喜好和生活節奏也很不一樣。起初 Peggy 嘗試遷就他，也向他提出她感覺到的問題，但 Derek 很多時會逃避 Peggy 的問題，或表現得毫不在乎，或認為 Peggy 有時實在太小題大作，總之不會為 Peggy 作出改變，認為 Peggy 只是想他對她在意一點，只要花點心思哄哄她便成。

　　Peggy 其實對 Derek 所花的心思有時也很受落，但當 Derek 的老毛病一而再地重複，同時間另一位跟她很合拍的追求者出現，她對 Derek 的觀感便每況愈下。直至她與追求者擦出愛火花後，她知道她與 Derek 之間的問題已到了要解決的時候，她向 Derek 提出分手。正全心全意為他的學業、為他的「莊務」打拼的 Derek，接到 Peggy 這個「突如其來」的要求，無法接受，細問原委，始知自己原來是個大笨蛋，竟然一點也感受不到 Peggy 對他的不滿，對他最大的打擊是輸給一個才貌比他遜色的

師弟，也因為這點，他有信心可以奪回 Peggy 的芳心。

　　從小到大，Derek 無論在家中、在學校裡，都是眾人的寵兒，這是他第一次受到考驗。他花盡心思在 Peggy 身邊獻殷勤，也不時在她周圍打轉，希望在大考前令 Peggy 重回他的身邊。可是這次並不如他以往的經歷，一切也不在他掌握之中，Peggy 向 Derek 重申她不會再跟他一起，勸他不要再花時間在她身上，好好準備考試。

　　Derek 知道 Peggy 對他死了心，本也想聽從 Peggy 的勸説，集中精神應付考試。可是每晚坐在宿舍的房間內，對着書本，便不其然想起與 Peggy 一起溫習的日子和 Peggy 望着他的甜美笑容。每次望着窗外厚重的石牆，他想起與 Peggy 在水壩上踏單車遊玩的日子。每次躺在床上合上雙眼，便想起與 Peggy 躺在沙灘數星星的晚上。總之 Derek 的生活充滿了 Peggy 的影子，沒法將書本的知識替代 Peggy 在記憶系統中的位置。

　　這天 Derek 剛「完成」了兩科考試，他感到非常難過，他從前對所有考試都充滿信心，但這次他坐在試場內，只能望着前面一個個黑壓壓的人頭，他不是全部問題也不懂回答，只是提不起勁拿起筆桿寫，這令他士氣大受打擊。回宿舍途中，他買了些啤酒，獨個兒在房中喝悶酒。他坐在窗前的書桌旁，望着桌上的鐘，愈想愈不忿，隨手將手中的啤酒罐一捏一擲，拋出窗外。

　　罐子清脆的墜地聲，忽然令 Derek 心裡得到平靜，他想到一個方法解決眼前的問題。Derek 寫下了一張字條，轉頭環顧了房內一周，注意力停在床頭旁、牆腳上的一個插頭。他從櫃中取出一些工具，用純熟的手法將插頭拆開，再分別將插頭的地線和火線兩條電線拔出。Derek 走到書桌前，細心地拆開床頭那個鬧鐘，將兩條電線駁到鬧鐘的響鬧裝置的兩極，再將鬧針撥至與時針重疊，鬧鐘登時發出吵耳的鳴聲，然後隨即將鬧鐘調至深夜時分。Derek 用刀將兩條電線的保護膠套去掉，露出內裡的銅線，然後將全部工具推往床底，再坐到床上，將兩條電線分別纏到手上和腳上。

　　Derek 將床邊的啤酒一罐罐地往肚裡灌，然後將罐子逐一擲出窗外。最後，朦朦朧朧地望了這個世界最後一眼，便用被將自己連頭蓋上，讓自己好好地睡一覺，可是這刻他腦海內卻隱隱約約浮出點點的星光和一個甜美而又熟悉的笑容⋯⋯

　　Derek 的同房阿輝在圖書館苦讀至半夜才返回宿舍，看見 Derek 由頭蓋至腳也不以為意，因為考試期間，挑燈夜讀是宿生常見的現象。完成了一科考試後，不時也會睡個半死，所以他也倒在自己的床上睡個夠。次日一大清早阿輝已趕往試場，沒有理會 Derek。當阿輝考完試回到自己房間時，已是下午，阿輝感到奇怪，為什麼 Derek 睡了一天還沒有起床，於是走到 Derek 床邊

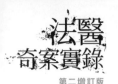

推推他，Derek 毫無反應，心想他可能最近失戀，太累了吧。阿輝見 Derek 蓋着頭睡也不太健康，於是替他揭開被，讓他呼吸點新鮮空氣。當阿輝一望 Derek，臉色慘白，心感不妙，立時將整幅被揭開，發現 Derek 身纏電線。阿輝慌忙間先將電線扯斷，然後跑出房找人幫忙報警。

法醫趕到現場，首先讓警方攝影師將現場情況拍下來，初步檢查 Derek 的身體表面傷痕。被電線露出的銅線纏着的地方，在皮膚上留下一條條焦黑的痕跡，估計是被電灼的傷痕（可參看第二章〈謎〉一文）。知道 Derek 有可能是被電死，法醫細心觀察他屍身的顏色，發現屍身的顏色蒼白，估計他是死於心臟纖維性抽搐（ventricular fibrillation）。

身體必須成為封閉電路的一部分才能構成觸電。電流通過身體，通常是經體液（尤其是血液）變成電路的一部分，造成電壓差（voltage difference），才會傷害身體。傷害的程度視乎電流、電壓差的大小和觸電時間長短，一般電流少於三十毫安培（30mA）、電壓差少於一百伏特（100V）或觸電時間少於三秒的情況下，致命的機會較低。因此只要電路中有足夠的電阻，如站在木地板，電壓差減低；又或手十分乾燥，不足以引致電流流入身體，便不會觸電。

　　心臟纖維性抽搐是較常見的觸電致死原因，電流經過心臟的節律器（pacemaker）或心肌等控制心跳的部分，而時間又足夠造成心肌抽搐，影響心跳或令心臟癱瘓，便會造成心律不正（cardiac arrhythmia），甚或導致心臟停止跳動而死。這情況通常出現在電流由手進入身體，經心臟，再由腳離開身體的觸電所造成。另一種觸電致死的原因是呼吸衰竭（respiratory failure），當電流由一隻手進入身體，經過胸部，再由另一隻手離開身體時，令肋肌（intercostal muscles）或橫隔膜（diaphragm）癱瘓，引致呼吸衰竭而死，這樣屍身會呈藍色（可參看第五章〈謝幕〉一文）。若電流經過腦部，影響負責控制心臟或肺部運作的部分，也會造成心律不正或呼吸衰竭等徵狀而致命。在一般情況下，因意外或自殺觸電的電流流經腦部的機會較低，不是觸電致命的常見原因。除了電流對身體的影響，電流造成的嚴重燒傷或燒傷引起的神經性休克也會致命，但這多不是觸電引致即時死亡的原因。電流的入口和出口的記號（如燒傷引起的紅印或水泡）是檢查觸電致死的其中一個方法。

　　法醫解剖 Derek 時，一如他所料，並沒有發現疾病的徵狀，綜合電灼的傷痕和屍身顏色，證實 Derek 死於心臟纖維性抽搐，亦如他所願，他的心再沒有因為 Peggy 而心跳加速，但他又可知道這些年來他的故事卻令不少人心跳加速。

激情

　　閃動的銀燈燭影下，煙霧瀰漫，熙來攘往的人拿着他們戀上的酒杯酒瓶，透過酒瓶看這個扭曲了的世界，藉以淡忘他們不想長留的現實。這是愈夜愈美麗的香港「不夜街」——蘭桂坊，一處令無數寂寞人迷醉之地，也是尋覓午夜伴侶的好地方。

　　在這條小小的街內，聚集了有不同需要的人群。失業的 George 在一間酒吧內遇上 Mohammed，二人交換了個眼神，知道彼此有同樣的需要，便微笑地離開了酒吧。二人走到街內一間聞名的男廁內聊天，談笑甚歡，酒意與慾火把二人燒得面如火燙，Mohammed 就此跟隨 George 回家去。其實他們早已在公廁附近見過對方，那裡是洩慾者得到宣洩的樂園。

　　二人來到 George 的寓所，Mohammed 便問 George 家裡有沒有色情錄影帶，George 點頭。George 投在 Mohammed 懷內看錄影帶，錄影帶內容牽涉到一些性虐待的情節。二人一邊喝咖啡，一邊看錄影帶，一邊撩動對方。Mohammed 為了加強彼此興奮的情緒，在咖啡內

加了些藥，又向 George 展示了一些早已準備的性虐待工具，包括繩、鐵鏈和手銬。Mohammed 建議 George 仿照錄影帶內容進行性行為，George 有點雀躍。

George 一向有將性行為過程拍下的習慣，好讓日後回味。這夜他又拿起攝錄機自拍，而且顯得相當興奮，並不時轉換鏡頭的位置。雖然攝錄機的位置時常轉換，二人的行為卻仍盡入鏡頭內。George 隨着性虐待錄影帶的情節，開始蒙着 Mohammed 雙眼，然後反綁 Mohammed 的雙手雙腳。為了令飾演被動角色的 Mohammed 達至興奮的巔峰點，George 用透明的封箱膠紙貼住 Mohammed 的口和鼻，再用鐵鏈勒 Mohammed 的頸，因為這樣會令 Mohammed 腦部缺氧而產生性高潮。過程中，George 關懷地問 Mohammed 鐵鏈會否勒得過緊，Mohammed 示意他放心繼續玩，George 便放心地繼續他們的遊戲。George 迷糊中將鐵鏈愈勒愈緊，Mohammed 的反應亦愈見興奮。玩樂過後，George 累得倒在床上睡着了。

George 醒來，想跟 Mohammed 聊天，便替 Mohammed 撕去封住口和鼻的膠紙，卻發現 Mohammed 面呈紫色，再探探 Mohammed 的鼻子，竟連呼吸也沒有了。George 知道出了事，有點彷徨，躺在床上想辦法如何處理，可是結果又模模糊糊地睡着了。

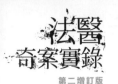

翌日清晨，晨曦照到 George 的臉上，George 才真正地清醒過來，他坐在地下，望着床上 Mohammed 的屍體，托着頭怎也想不出如何處置 Mohammed。忽然 Mohammed 的鼻孔流出血水，George 阻止不了血水流出，頓時魂飛魄散，慌忙中找來個膠袋套在 Mohammed 的頭上，然後用繩綁着。就是這個急就章，George 想到一個辦法處理 Mohammed 的屍體。

George 從 Mohammed 的衣物中找到百多元，並將所有 Mohammed 的衣服和證件一併拿走，放入數個袋中。他拿着這百多元和數袋衣物跑到街上，先將衣物棄掉，然後買了一個大旅行袋。回到家，George 將 Mohammed 的屍體藏入袋內，可是 Mohammed 的身軀太大，非但無法載着 Mohammed，更連旅行袋也弄爆了。George 頹坐在屍體旁邊，想了又想，汗從毛孔中不斷滲出，他解決不了此事，於是拿起手提電話致電給好友 Kenneth。

電話另一邊的 Kenneth 知道此事非同小可，力勸 George 自首。George 沒了主見，也知道此事始終會被揭發，最後聽從 Kenneth 的勸告，走到警署自首。警員隨即與 George 返家，找到 Mohammed 的屍體。那時 Mohammed 的屍體已全身僵硬發脹，屍身已出現屍斑，而且發出腐臭。

法醫趕到現場，見到上述的情況，估計 Mohammed

已死去至少兩天。再檢查 Mohammed 的身體發現頸部有明顯瘀痕，而且面部呈藍色，初步估計 Mohammed 是死於窒息。法醫經解剖後，發現死者健康狀況良好，除了頸部，就只有雙手雙腳被綁過的痕跡，但這些都不是致命傷，所以斷定 Mohammed 是死於窒息。

警方在案發現場尋獲三十多盒錄影帶，均是同性戀與性變態遊戲的影帶，其中一盒更是 George 與不同男性發生性行為的錄影帶，而 Mohammed 死前與 George 發生性行為的過程亦在其中。Mohammed 在錄影帶的結束前是仍然生存，因此成為了此案的重要證物。另外警方亦從街上找到一名清潔工人，在其手推車內，撿回 Mohammed 的衣物和證件，證實了 Mohammed 的身份。

由於 George 沒有意圖殺害 Mohammed，所以被控誤殺，被拘禁在拘留所內，期間由於他同性戀者的身份，屢遭其他犯人騷擾。到五個月後，此案在高院開審，George 已沮喪得抬不起頭來。審訊期間，George 與 Mohammed 進行性行為的錄影帶在庭上播放。雖然錄影機擺放的位置是面向陪審團、法官和律師，旁聽的人是難以看到，但那種被迫赤裸於人前的感覺並不好受。George 為了避開那些異樣的眼光，在庭上經常垂着頭，並選擇不出庭自辯，只請來現職於大學的法醫為他作證[1]。

1　由於控方的法醫是隸屬於衛生署，若辯方要為疑犯在法醫學上舉證辯護，為疑犯利益着想，辯方會邀請非衛生署的法醫作證，在香港暫時只有香港大學病理學系的馬醫生能擔此任。

法醫在此案的重點並不在於研究 Mohammed 是被誰殺害、有沒有謀殺的成分。由於死者面呈藍色，而身上又只有頸部的致命瘀傷，控辯雙方的法醫均同意 Mohammed 是死於窒息，而法官亦指出本案重點是 George 是否在疏忽的情況下，令 Mohammed 死亡，亦即 Mohammed 的死是死於意外，還是 Mohammed 的死是 George 以鐵鏈勒頸和用膠紙封口鼻所致。若 Mohammed 的死是 George 的行為所致，那麼 George 的誤殺罪便成立。

控方的法醫認為 Mohammed 健康良好，所以不會是死於心臟病突發，因此 Mohammed 的死是 George 用鐵鏈勒頸所致。辯方法醫則認為鐵鏈沒有緊勒 Mohammed 的頸部，而封口鼻的膠紙的位置與封密程度又未能確定，辯方認為 Mohammed 的死可能不只是由於鐵鏈勒頸和密封口鼻所致。一般人如因外物阻擋呼吸道，通常會有一些反抗的動作，但 Mohammed 一直沒有掙扎的跡象，而 Mohammed 在錄影帶末仍然生存。況且 Mohammed 死前曾服用過藥物，因此 Mohammed 的死可能是由於多個因素所致，不一定是由於 George 的行為。

最後，陪審團認為由於 Mohammed 手腳被綁，George 是有責任照顧他，所以認為 Mohammed 是死於 George 的嚴重疏忽，因此 George 的誤殺罪成。法官鑑於 George 在進行性虐待遊戲時，愛護和關心對方，所以

輕判 George 入獄數月，作為這個纏綿遊戲的終結。法庭
這個判決，成為此類遊戲玩家的警惕。因為即使雙方同
意，又在激情的驅使下，也別忘了玩得失控而釀成悲劇。

　　辯方在判案後，替 George 申請判入小欖監獄，以免
George 再受其他犯人騷擾。法官雖無權力判犯人入哪一
個監獄，但可替 George 向懲教署反映他的情況，讓他們
作適當的安排。同時 George 透過律師向照顧和提攜他的
家人致歉，對他為家人帶來的恥辱感到十分難過。同時自
George 四歲便離家做生意的父親，亦因此事專程在審訊
期間回港到庭聽審，一直支持他，總算是善良的 George
一個小小的收穫，一個小小的安慰。

愛過了界

　　Daniel 身上插滿喉管，碩大的身軀軟癱在床上，寬敞的胸口微微地起伏，身旁的脈搏器顯示屏幕，訊號微弱地跳動。Candy 捉緊 Daniel 的手，心中默默替 Daniel 祈禱。在 Candy 記憶裡，她搜索不到跟 Daniel 這樣平靜的畫面。Daniel 是個激情的人，喜歡以澎湃的舉動表現他的愛，Candy 原本對愛充滿憧憬的心，便是被他洶湧的情感淹至奄奄一息，今天 Daniel 那份熱情終於隨着脈搏器刺耳的警號而退潮。

　　一個個光圈在漆黑的小路內移動，是大群警員拿着電筒在一個公園內進行偵查的工作，尋找一宗兇案的線索。無論警員多麼細心，也無法在該小路上尋到一點血漬、一件兇器或一丁點打鬥的痕跡，可是這裡便是 Candy 報稱 Daniel 抗賊受傷的現場，頓令所有協助搜查的警員起疑。

　　離小路不遠處，在昏暗的大廈中，有一個燈火通明的單位。單位內一片混亂，比小路更似有人打鬥過的痕跡，而且在屋內找到一柄長約八至九厘米的染血餐刀。法證科的工作人員正忙碌地工作，他們在屋內的牆腳和

128

地板找到一些血漬，並在一張扶手搖椅中，發現大量的血漬，法證科的工作人員立即套取血液樣本。首先到場的警員證實他們來到現場時，Daniel 是躺在那張扶手搖椅，Candy 稱她與 Daniel 在回家路上被兩名賊人攔途截劫，Daniel 反抗受傷，但又不肯往醫院治理，於是扶他回家。

在漆黑的房間中，街燈透過百葉簾映在 Daniel 的身上，他躺在搖動中的搖椅上，但身體沒有絲毫的動靜。正當這個影像不斷在 Candy 腦海中重複地出現時，醫院的警員採取行動，以 Candy 涉嫌與一宗兇殺案有關，將她拘捕，Candy 一直否認與 Daniel 的死有關，Daniel 的死亡真相又要交由法醫揭開。

Daniel 是一個身材魁梧的人，經殮房助理清潔過後，法醫看見的是一具毛茸茸的身軀。法醫替 Daniel 進行解剖，身上有七處刀刺的傷，但大部分的傷都是表面的輕傷，甚至連皮膚也沒有被刺穿，只有一處傷及肝臟的刺傷較為嚴重。此外他身上並沒有其他病徵或特別的傷勢。因此法醫認為 Daniel 是因肝臟被刺穿，引致大量出血而死。法醫量度那處傷口，深約十五至十六厘米，但警方尋獲的懷疑兇器，卻只有一半的長度，法醫猜不透那柄餐刀是否便是兇器。

Candy 在庭上徐徐說出她與 Daniel 相識的經過。

Candy 的職業是負責在世界各地舉辦展覽，Daniel 則是一名商人，二人在一個展覽會上認識。Daniel 無論外形、風度和生活品味各方面都令人歎服，是一個不可多得的紳士型男士，深深吸引了 Candy。當晚 Daniel 預備了名貴香檳，請 Candy 吃晚飯，並向 Candy 情深款款地示愛，Candy 不加思索便欣然接受了他。

二人相處的日子，Daniel 激烈與暴力的行為漸漸掩蓋了他對 Candy 的愛與關懷，他除了有酗酒、濫用藥物等問題，還不斷藉 Candy 宣洩他的慾火。起初 Candy 認為 Daniel 的狂放行為是因為酒與藥物的關係，令他失了方寸，所以 Candy 儘量遷就他，希望以愛改變他。可是時間證明 Candy 對 Daniel 的「治療方法」並不奏效，Daniel 不但沒有改變他的暴力行為，反而變本加厲，以血淋淋的內臟藏於衫裡裝死作弄她。Candy 又稱 Daniel 曾以刀指自己的頸要她留下來，又試過持刀追斬她。即使她要工作或離開一段短時間也不允許，猶如將她軟禁。Candy 實在忍受不了這種關係，但又不想別人知道這件事情，成為社交界的醜聞，影響了她多年在行內建立的聲譽，於是 Candy 採取了逃避的方法，費盡心思才藉這次工作遠行避開他。

Candy 以為來港工作，便可避開 Daniel，但想不到他竟無時無刻致電給她，令她不勝其煩，最後 Daniel 更放下一切工作，跑到香港來找 Candy。Daniel 的出現，令

心情略為平復的 Candy 又再泛起暗湧。Daniel 那種要完全佔據 Candy 的態度，令 Candy 感到窒息。案發當天，Daniel 與 Candy 一起往蘭桂坊消遣，Daniel 又如常地喝得酩酊大醉，席間 Candy 發現 Daniel 對她撒謊，Daniel 非但沒有致歉，還恐嚇 Candy 會傷害她的兒子。

　　二人返家後，Daniel 又恐嚇 Candy 要將她殺害，並以他結實的手臂和堅硬的手杖打她，令她幾近暈倒。Daniel 發洩過後，醉倒在廳中的搖椅上，Candy 便偷偷地逃回睡房睡覺。當 Candy 正難得地安睡時，忽聞一聲尖叫，Candy 立刻走出廳看個究竟。Daniel 不知為何滿身是血，Candy 走到 Daniel 身旁，只懂得在他耳畔說：「不要死！不要死！」然後擾攘了一陣，Candy 忘了緊急電話號碼，惟有拿起電話亂撥，１１１……２２２……，直至撥出９９９才與警方聯絡上。當救護人員登門時，Candy 正搖動搖椅，希望 Daniel 能舒服一點。Candy 向 Daniel 說出最後的一句話「別忘記，我愛你！」後，救護人員便將 Daniel 送往醫院。

　　聽了 Candy 敘述的案發經過，對法醫瞭解 Daniel 的致命傷口與兇器的關係沒有太大的幫助。幾經法醫的苦思，終於猜到為何兇器可造出一倍長的傷口，他以自己的身軀和請來幾位身材健碩的警員做了一個簡單的實驗。法醫量度了幾位警員吸氣和呼氣時，肝臟移動的距離。吸氣時，胸部會向外擴張，橫隔膜向下，肝臟便會

向下移，同時腹部便會陷下去，再加上刀刺腹時會用力向內插深一點。綜合以上的身體轉變，與呼氣時相比，肝臟移動的幅度竟可達 7 厘米之多，所以刀尖可造成比刀長一倍的傷勢。

至於 Daniel 是否如 Candy 所說用刀插自己，法醫認為有這可能，但 Daniel 沒有自殺的猶豫傷口，減低了 Daniel 自殺的可信性。同時 Daniel 死時所穿的衣服，很奇怪地有很多利器造成的破洞，而且有部分是在背部位置，這些位置是 Daniel 自己無法插到的。雖然沒法在屍身尋到所有對應衣洞的傷口，卻排除了 Daniel 自殺的可能性。

最後，Candy 在庭上激動地承認 Daniel 的死，她是有責任的，並稱即使賠上一生也不悔，但當面對判刑的時刻，她仍是拒絕承認謀殺罪。Candy 最後還是謀殺罪成，被判終身監禁，雖然她一再嘗試上訴，期間又嘗試承認誤殺，但還是逃不過終身坐牢的命運。一個浪漫的開始，一段激烈的愛情，經過一番轉折，還是要這樣沉重地終結。

愛火

　　「砰！」阿軒身體輕微動一下。血濺滿身的阿慧望着阿軒，見阿軒朝她胸口刺下的勢頭沒有減弱，用盡全身力氣奮力抵抗。全身冒汗的蘇 Sir 見阿軒毫無反應，「砰！」再開一鎗。阿軒心口冒血倒地。阿慧累得眼前一黑昏了過去。蘇 Sir 雙手仍緊握他的鎗，阿軒「射我啦！射我啦！」的聲音不停在腦海內盤旋。他驚魂未定，茶餐廳外人群驚嚇過後，議論紛紛的聲音傳到他耳邊，他才想起倒臥在門外的傷者阿南。蘇 Sir 立刻傳呼總部，召救傷車到現場，然後隨即走出門外。此時大批警員已到場增援，將現場封鎖。

　　負責處理此案的重案組警員，替蘇 Sir 落口供作初步瞭解，然後在現場搜索彈頭。救護車一輛輛駛至，然後又嗚嗚地為傷者悲鳴，送他們往醫院。阿軒到達醫院時已死亡，阿南則情況危殆。法證科的同事替蘇 Sir 的手套取樣本作 SEM-EDX（scanning electron microscope-energy dispersive X-ray spectrometry）子彈火藥測試。SEM-EDX 的彈藥測試是透過分析火藥（鉛－銻－鋇，lead-antimony-barium，即 Pb-Sb-Ba）的成分，以證實火藥的存在。經 SEM-EDX 的測試後，證明蘇 Sir 確曾開

過鎗。同時亦從蘇 Sir 和他手上的警鎗套取指模樣本，並證實警鎗上只有蘇 Sir 一人的指模。

　　由於阿軒屬於非自然死亡，因此法醫要替他進行解剖。法醫知道阿軒曾中鎗，所以先在他的衣物套取樣本作 SEM-EDX 的火藥測試，然後替他照 X 光片，看彈頭是否仍留在體內，也順便估計彈頭穿過身體的軌跡。法醫從 X 光片中證實沒有彈頭留在體內，於是檢查阿軒的身體表面，尋找彈頭進入和離開身體的傷口。彈頭穿過身體的入口跟出口是略有不同，出口的傷口是較大和不規則。因為手鎗的設計會使彈頭射出時轉動，有穩定彈頭穿過空氣的作用，所以入口是較整齊。但當彈頭進入身體後，身體組織產生阻力，彈頭轉動引起的穩定作用消失，再加上彈頭穿過身體可能會令彈頭略為變形，所以彈頭離開身體時所造成的傷口會相對地較不穩定，令傷口變得較大和不規則。

　　經法醫細心觀察後，阿軒有兩個彈頭進入身體的傷口，即是共中了兩鎗，與警方提供的資料吻合。彈頭進入阿軒身體的傷口邊較整齊，而且有紅色的擦傷傷痕圍繞着傷口，形成一個鬆散紅圈圍着傷口，但紅圈附近卻沒有遠距離鎗傷造成的火藥紅點群，火藥紅點群是由未燃燒的火藥造成的。同時法醫亦檢查過阿軒死時所穿的衣服，子彈穿過的破洞外圍，並沒有沾上火藥燃燒後的碳顆粒，所以法醫估計開鎗者與阿軒的距離足夠使彈殼

內燃燒的火藥消失於空氣中，沒有沾到阿軒的身上和衣服上。由於兩個傷口也是位於正前方心臟位置，而且傷口的紅圈呈圓形，所以開鎗者是在阿軒的正前方。

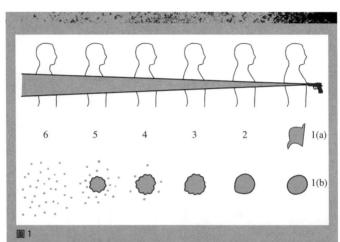

圖1

當開鎗的距離愈遠，跟鎗口大小相若的主傷口會愈小，而火藥造成的紅點會愈散開。

　　圖1－1（a）是鎗口貼着骨開鎗的裂開傷口；圖1－1（b）是由鎗口緊貼身體開鎗的圓形傷口；圖1－2是開鎗距離三十厘米內造成的傷口；圖1－3的傷口是離傷者三十厘米至一米開鎗造成的，傷口的邊會較鬆散；圖1－4的傷口開始有火藥紅點群出現，傷者與開鎗者的距離已超過一米；當開鎗者離傷者的距離愈遠，主要的傷口會愈小，周圍的火藥紅點群愈增加和範圍更廣，如圖1－5；當開鎗者離傷者超過十米，皮膚只會出現火藥紅點群，而不會見鎗口形狀的傷口。

　　不同貼近皮膚的鎗傷，亦會呈不同的形狀。

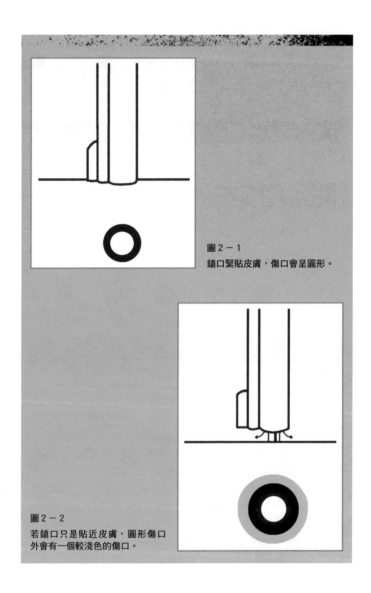

圖 2 - 1
鎗口緊貼皮膚,傷口會呈圓形。

圖 2 - 2
若鎗口只是貼近皮膚,圓形傷口
外會有一個較淺色的傷口。

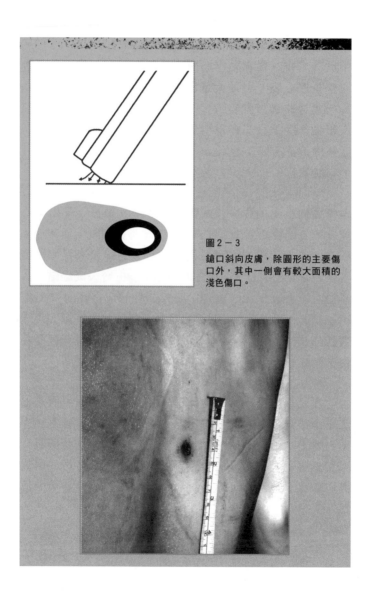

圖 2 － 3
鎗口斜向皮膚，除圓形的主要傷口外，其中一側會有較大面積的淺色傷口。

　　法醫經過對阿軒身體表面的觀察和記錄後，才開始解剖的工作。從彈頭穿過阿軒身體造成的損毀，估計彈頭曾貫穿心臟，引致大量出血，心臟停止跳動致死。由於彈頭曾穿過阿軒心臟，因此彈頭應沾有阿軒的心臟肌肉組織。於是法醫從現場撿回的彈頭上套取樣本，經顯微鏡的檢查，以及 DNA 鑑定後，證實兩枚彈頭沾有阿軒的心肌細胞，即彈頭曾穿過阿軒的心臟。

　　透過以上的程序，法醫可確定阿軒是被子彈射穿心臟致死。接着是要證實是蘇 Sir 的鎗轟斃阿軒，而非他人所為。警方的鎗械專家，從現場尋獲的彈頭來輻線，證實彈頭是發射自蘇 Sir 持有的警鎗——史密夫威遜點三八口徑左輪手鎗[1]（.38 Smith & Wesson Handgun）。雖然環境證據顯示是蘇 Sir 開鎗將阿軒殺死，並且有證人可證實是蘇 Sir 開鎗轟斃阿軒，但阿軒的死因仍需經死因庭裁決，而蘇 Sir 會否被檢控，亦取決於死因庭的判決。

　　在死因庭上，首先道出的不是阿軒的死因，而是他比子彈穿過心臟更要痛的心情。在阿軒家中，警方尋獲兩封遺書，一封是阿軒給父親和兒子，一封是給阿慧。阿慧與阿軒相識數載，事發前一年，已準備結婚。阿軒滿心歡喜，他認為與阿慧結婚簡直是自己畢生最大的成

<hr>

1　史密夫威遜點三八口徑左輪手鎗的來輻線是向右五條固定闊度的坑紋，而個別手鎗因製造過程時，陽堂線（lands and grooves）的不完美特徵，會造成略有不同的來輻線，個別手鎗的來輻線，是需要由鎗械鑑證科專家來判斷。

就，因為自己一事無成，又有一名兩歲的兒子，竟讓他娶得這樣好的妻子。他全情投入工作，努力儲蓄，希望將婚禮辦得體面一點報答阿慧。

可是好景不常，未幾阿慧告訴阿軒，她愛上了一位同事阿南。阿南條件確實比他優勝，人又比他溫柔，樣子又比他俊俏，但他相信自己有的是誠意，於是不停早晚纏着阿慧，企圖挽回破裂的感情。阿慧雖覺阿軒人不壞，但變了的心是無法挽回的，拖拉幾個月後，最後堅決向阿軒提出分手，事發當天便是三人相約解決此事的約會，想不到這約會竟會鬧得無法收拾。

事發前一晚，阿軒思前想後，悲從中來，寫下了兩封遺書，他向父親致歉，認為自己是全家最無用的一個，不但賺不到錢養家，連娶一個媳婦給父親，替兒子找個新媽媽也沒辦法，最後只好叮囑兒子不要步他後塵。至於阿慧，他知道自己並非她的真命天子，放手是他唯一的選擇，決意祝福阿慧與阿南，然後便服下大量安眠藥要離開這一切的不快。

翌日他醒來，發現自己仍然在世，他認為或許是上天的安排，於是準時赴約。阿軒來到約定的茶餐廳，他看到朝思暮想的阿慧，對阿慧胡言亂語，又叫阿慧與阿南愉快地生活。阿慧覺得阿軒有點不對勁，但是自己先傷害了他，深感歉疚，惟有默默地忍耐阿軒的傻話，

同時卻希望阿南快點出現替她解困。當阿南趕到茶餐廳時，未及說話，阿軒便突然發難，取出一柄利刀向阿南狂砍。阿南沒有防範，身中多刀，最後以「金蟬脫殼」方法，脫下外衣，逃出茶餐廳外。阿慧緊跟其後，察看愛郎的傷勢。阿軒看見阿慧緊張地追出茶餐廳的神情，妒火中燒，立刻將阿慧扯回茶餐廳內，此時蘇 Sir 出現。

蘇 Sir 衝入茶餐廳內，阿軒已殺得性起，向阿慧下手。阿軒手起刀落之際，蘇 Sir 立刻拔鎗，喝止阿軒。阿軒非但沒有停手，反而向蘇 Sir 挑釁，要蘇 Sir 開鎗射他，然後繼續他的暴行。蘇 Sir 沒有選擇的餘地，只好向阿軒開鎗，但仍阻止不了阿軒，阿軒向他莞爾一笑，然後繼續往阿慧頭頂直砍下去。「砰」一聲，阿軒應聲倒地。一聲鎗響撲滅了一團熊熊的愛火，最想不到的是蘇 Sir 竟成了結束這段三角戀的見證人。

蘇 Sir 出庭當日作供時仍有點緊張，他並不想做這段「轟烈」愛情的見證人。阿軒的父親質疑蘇 Sir 為何出手這麼重，要子彈直穿阿軒的心臟。蘇 Sir 辯釋說射向胸口是不會致命的，但法醫認為子彈射向心臟是會致命的。法官考慮到在阿軒威脅他人生命的情況下，能夠讓蘇 Sir 判斷的時間確實不多，因此裁定阿軒是死於合法被殺，蘇 Sir 毋須為此事而被檢控。蘇 Sir 雖然逃過被檢控的命運，但警察在救一人時，要殺另一人，實在要小心處理。

　　究竟阿軒是被殺還是自殺，只有他知道。在世的人只知道他的死未能贏回愛人的心。相反阿慧與阿南經過這場出生入死的「搏鬥」，對這段愛加倍堅定，二人雙雙出現在死因庭，旁聽阿軒的死因聆訊，阿南臉上的疤痕更見證了這段愛情。

欲斷難斷

　　阿芳汗流浹背，一手拖着孩子，一手挽着兩大袋東西，活像從大割價超市滿載而歸的模樣，但今天她特別心神恍惚，住在她家對戶的明仔跟她打招呼，她也聽而不聞，匆匆返家。

　　阿芳雖然已有個四歲的孩子，並特意束起長長的秀髮，希望看起來老成一點，但二十歲不到的她，一臉稚氣，怎也騙不了鄰居。就是這樣，阿芳經常成為邨內不良少年調笑的對象，羞答答的她更添他們的興趣，但礙於阿芳的丈夫阿剛在邨內也薄有「名望」，一眾少年也只限於吃吃口頭上的豆腐，甚少對阿芳毛手毛腳。

　　阿剛並沒因阿芳受歡迎而感到高興，對她不但沒有加倍愛護，反而經常醋意大發，動輒便對她拳打腳踢以洩他的妒恨。阿芳自知敵不過他，二人初相識時，阿剛便以暴力將她污辱，這點阿芳永遠不能忘記。阿芳為免此事遭阿剛四處張揚，開始與他交往，其間發覺阿剛對她不壞，繼而拍拖、懷孕、產女、與阿剛同居，一直讓這段不合理的戀情延續下去。

　　二人需要共同面對很多現實的問題，這段情亦因二人逐漸成熟而開始變質。阿剛因維持一家生計而脾氣變壞，阿芳則遇上比阿剛條件好得多的追求者，二人的關係開始出現危機，阿剛沒有正視這次感情危機，只懂得以暴力解決這些問題。每次阿剛心情不佳時，阿芳不是在他未發難的時候，躲在他視線範圍外，便是雙手抱着頭，讓他打個夠。可是每次被虐打時，阿芳也無法忘記當日是阿剛毀了她一生，她本是個品學兼優的乖乖女，就是因為他的獸行，她變成未婚產子、與人同居，還要多次墮胎的壞女孩，全無前途可言。阿芳曾經努力過，懷孕至生產，她堅持上學，產女後仍繼續讀書，但讀至中七，她為了照顧女兒，再加上經濟上不容許她繼續升學，最後還是放棄了學業，同時亦令阿芳對阿剛的怨恨日深。

　　今天阿芳不用再怕阿剛了，因為阿剛乖乖地躺在鐵箱內。阿剛手腳伸在箱外，阿芳看上去很不順眼，但任由她怎樣塞也不能把阿剛的手腳塞進箱內，於是她找來菜刀將阿剛伸在箱外的肢體砍去，弄得她滿頭大汗。正當她想把阿剛肚皮剖開，取出內臟以減慢屍體腐壞發臭的速度時，突然拍門聲隆隆響起，直敲進阿芳的心房。阿芳雙手執着褲管，惶惶不知怎辦，只彷彿聽到阿剛好友小炳昨夜在門外大叫阿剛的名字，阿芳急得毛管發直，蹲在箱前，雙手掩耳，直到小炳「自行離去」，阿芳的汗水已從髮梢不住地滴下來，她回過氣便繼續趕緊完

成她的「工作」。

　　她把從外買回來的鹽倒在阿剛身上。一把把鹽花灑在阿剛身上時，她想起昨晚阿剛酒醉歸來，一巴巴打在她臉上的情況，阿芳邊哭邊不停地將鹽倒在阿剛身上，她看到阿剛臉無血色的模樣。心想他曾經對她多麼體貼，昨晚他被她擊傷後，仍替她解圍，將門外的小炳打發走。生孩子時，是他替自己接生的。不錯，就是那孩子的哭聲喚醒了阿芳，她立刻把鐵箱蓋上，推回原位，原本在箱內的東西棄在地上，她也懶理，只跑到浴室察看孩子。雖然孩子只有四歲，但在阿芳的教導下，她已懂得每次爸爸發惡時，便立即躲進浴室內。

　　阿芳跑到浴室內，才猛然想起孩子已被她哄睡到床上，她為免孩子見到阿剛的死狀，昨夜她已安頓好孩子在自己的床上睡。阿芳閉上浴室門，洗擦了全身很多很多次，她不想自己的骯髒沾染到孩子身上。直到孩子哭得幾近失聲為止，她才抹乾身跑到自己房間，抱起孩子，看看孩子有什麼需要，然後收拾細軟，帶孩子離開她每夜聽到關門聲也會感到誠惶誠恐的家。她心裡只有一個願望，就是能與孩子有多一點相處的時間。

　　法醫到達案發單位時，見到一個頭染金髮、乾瘦、面容黃黃黑黑的男子，歪着身體站在門外，他正投訴警察，他說是他揭發命案的，為何跟他說話的語氣跟審犯

無異，那人就是小炳。法醫沒有理會他，只管儘快進入現場，看看死者的模樣。鹽令屍體脫水，外貌比平常乾瘦點，腐壞的程度也因此減慢，而且鹽可以辟去臭味，所以腐壞程度沒有一般死了數天的屍體那麼壞，較容易查出死因。再細察屍身表面，有很多用刀插入身體造成的傷口，有一個特別大的傷口在小腹，但附近沒有紅腫，相信是死後造成的。法醫按平常的程序，先將箱內的鹽取出，再將整個鐵箱搬回殮房，然後在殮房化驗。

在殮房內，殮房助理協助取出屍體，法醫檢查鐵箱，箱內並無屍蟲，這顯示死者被殺死後不久，便被放入鐵箱內。屍體是屈曲地放在鐵箱內，這是因屍身尚未開始僵硬，同樣足以證明受害人是死後短時間內被放入箱裡，所以相信鐵箱不是受害人死後才買回來的，應是早已放在案發單位內。鐵箱的來源因此成為疑兇被判謀殺還是誤殺的重點。若鐵箱是近期購回家的，疑兇極有可能是有計劃地謀殺死者。

死者身上有多處利器刺傷的傷口，但都只是表面傷痕，只有其中在腹部的傷口極大，這傷口也是由利器所造成，並不似是在搬運屍體所致，但傷口附近並沒有紅腫的跡象，所以相信這唯一一處大傷口是受害人死後才造成的，並不是致命傷，因此致命的原因應是失血過多。

最後阿芳被拘捕，她坦言承認是她殺死阿剛的。案

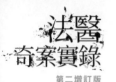

發當晚阿剛回來，她因害怕阿剛又拿她當出氣袋，於是遠遠地躲在他視線之外，怕阿剛看見她，又無端招惹一頓毒打，可是她還是被阿剛「選中」，昔日溫柔體貼的愛侶，又以懷疑她有外遇為由，轉眼變成噴火的魔鬼。這次阿剛不但出手，竟往廚房取出利刃，阿芳能做的只有躲，躲到離孩子愈遠的地方愈好，好讓阿剛以她為唯一目標。可是孩子聽到嘈吵的打罵聲，又豈肯安安靜靜地睡覺？

阿剛聽到孩子的哭聲，瞬間將目標轉移，因為他偶爾也懷疑這孩子是否他的親骨肉，總覺得孩子不喜歡親他，一定有根本的原因。阿剛拿着刀兇巴巴地走入浴室，阿芳深知不妙，不知哪來的力氣，推開了阿剛，那柄刀跌在地上，她立刻拾起刀，不顧一切地往阿剛身上刺，一向勇悍的阿剛就這樣不敵弱質纖纖的阿芳，結束了這場纏擾二人的紛爭。

阿芳最難過的不是殺了阿剛，也不是因為殺人坐牢，最令她難受的是要與孩子分開，孩子一直是她的精神支柱，不能看着她成長是一件憾事。為了孩子，阿芳決定承認誤殺罪，希望能減輕刑罰，不用終身坐牢，有機會與孩子相聚。同時這樣坦誠也算對阿剛有個交代，畢竟阿剛也曾與她同床共枕數載，只是二人也不懂處理這段錯綜複雜的感情，才釀成這宗慘劇，可是控方始終堅持以謀殺罪起訴她。

　　案件最後在高院審結，如阿芳所願，謀殺罪名不成立，但誤殺罪名成立，可是她仍被重判十年刑期，因為法官認為她處理屍體的方法令人心寒，對死者屍體毫不尊重，不得不重判以示嚴懲。阿芳想不到渴望僥倖逃脫、希望與孩子有多一點時間共處的行徑，竟弄巧反拙，成為她被重判的原因。

　　很多行兇者以為毀屍滅跡是令自己逃避牢獄之災的最佳手法，其實這是一個很傻的想法，因為香港地方很小，人口稠密，即使要棄屍荒野也要經過很多地方，很容易碰上途人，甚至警員。再加上一個人棄屍並非易事，曾經有一個個案是一名長者懷疑年輕的妻子有外遇，錯手殺了她，然後想將妻子的屍體棄置垃圾站了事，可是他在搬運途中，盛載屍體袋子的手挽斷了，忙亂之間，他惟有將屍體棄於梯間，屍體很快被發現，警方也很輕易便將他繩之以法。

　　若超過一人協助毀屍滅跡，事件很快會因內鬨或有人不能隱瞞事件而被揭穿，像〈無人駕駛〉一文提過的童黨燒屍案便是一例。即使真的成功毀屍滅跡，有時行兇者也可能受良心責備，最終說出殺人的事，如曾哄動全城的康怡花園烹夫案。

　　謀殺罪的其中一條條文是鼓勵行兇者拯救受害人的，內容是如果受害人不是案發後一年零一日內死，行

兇者是不會被控謀殺的，行兇者是有責任令受害人得到醫治的機會。若受害人醫治期間因其他感染致死，這項條文亦同時保障疑兇不致蒙上不白之冤。

行兇者別以為毀屍滅跡是最佳的逃避方法，因為科技日新月異，像一九九一年警方運用新引進的電腦系統核對指紋的技術，翻查昔日未破的案件，竟憑當年兇嫌留下的指紋，找出一宗發生在一九七一年的兇殺案的疑犯身份，其後拘捕並落案起訴疑兇。天理昭彰，犯案者別存僥倖之心。

謀殺罪的其中一條條文
是鼓勵行兇者拯救受害人的：

————

如果受害人
不是案發後一年零一日內死，
行兇者是不會被控謀殺。

CHAPTER 4
失落家園

戰後的人很愛惜生命，很注重家庭成員之間的關係，認為能夠一家共享天倫是上天的恩賜。太平多年後的今天，很多父母解決不了眼前的困境，抱着不想把子女留在這烏煙瘴氣城市的思想，自殺了事；更可悲的是以令配偶內疚的心態，帶子女們一起「上路」，奪去了他們生存的權利，多麼可惜！

與兇手同眠

　　會客室四道白牆冷冷地圍着一張簡陋的木桌和兩張木椅。阿卿雙手緊握着手帕，垂着頭坐在其中一張木椅上。彭醫官輕敲房門，阿卿稍微抬頭。彭醫官坐在另一張木椅，二人間隔着一張桌子。彭醫官告訴阿卿將會替她檢查身體，檢驗結果將來可能會用作為檢控她丈夫阿幸的證供，而她是有權拒絕檢驗的。阿卿表示明白彭醫官所言，並願意接受檢查。

　　彭醫官帶阿卿到驗身室，在護士的協助下，阿卿爬上床躺下。阿卿雙眼紅腫，右手仍緊握着手帕。不知為何躺在床上的剎那，她反而有一份安然的感覺，她已想不起有多久沒這樣安躺在床上，就像多天積下來的疲累全然釋放。彭醫官替阿卿進行身體檢查，證實她已懷孕四至五個月，她與胎兒一切正常。只是這新生命並沒有為阿卿帶來喜悅，因為孩子的父親正在牢房，家中尚有四名兒子無人照顧，整個家正陷於瓦解的邊緣。

　　阿卿閉起雙眼，看到的是江嬸在咒罵阿幸的兇相，她霍然坐起，一身冷汗又滲透全身，她面色慘白地坐到

床邊。她用手帕輕印額角，乘勢托着額頭，母親的影子不斷在腦裡徘徊。母親是坪洲聞名的「麻煩人」，自己也拿她沒法。她明白母親年輕守寡，再婚又被丈夫拋棄，一個女人帶着兩名女兒，生活真不容易。她為口奔馳，每天與各式各樣的人火併周旋。為了自己和妹妹不受欺凌，母親時常在人前裝腔作勢。她養成這副脾氣，也是自己所累的。正因如此，阿卿對母親亦處處忍讓。阿卿的童年並不快樂，但上天似乎並沒有遺棄她，讓她遇上了阿幸。阿幸雖沒有俊俏的外貌，但人倒務實得很，而且不嫌母親的壞脾氣。二人認識不久便共諧連理，阿幸承諾供養江嬸直至她終老，並在他經營的店鋪對面搭了一所木屋，讓江嬸、阿卿和同母異父的妹妹阿素居住，那時的阿卿感到無比幸福和甜蜜。

婚後阿卿與阿幸努力經營食店，並先後誕下四兒，再加上要照顧母親和妹妹，兩夫婦經濟上漸感吃力。江嬸雖然年紀不大，卻終日無所事事。生活擔子縱然重，阿幸仍遵守承諾，提供江嬸的生活所需，可是江嬸嗜賭成性，不時到食店向阿幸要錢。起初阿幸都如數照付，但漸漸感到這樣不是辦法，尤其近日幼子出世後，阿幸真的捉襟見肘，實在難以應付。江嬸因此埋怨女婿不給她足夠的零用錢，而阿幸也怨岳母揮霍無度。阿卿雖深明此況，但無奈一個是自己母親，一個是枕邊人，只好兩面疏通。

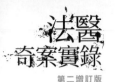

　　案發當日早上，江嬸又到阿幸的食店問阿幸要錢，阿幸給了她一元[1]作當天的零用，但江嬸對這數目甚感不滿，正要發難之際，阿幸怕她一大清早鬧事，便將整天賺到的錢都給了她，打發她走了。下午江嬸帶着阿素，再到食店問阿幸要錢買字花，阿幸斷然拒絕，江嬸在店外指着食店謾罵，引來街坊的圍觀。阿卿站在一旁沒法子幫忙，只好任由母親辱罵，直罵到心坎裡。母親那些令人難堪的說話猶在耳邊，阿卿再也忍不住，用手帕掩着臉痛哭起來。彭醫官與護士只好悄悄地離開房間，讓阿卿獨自靜靜地平復心情。

　　混亂的思緒仍縈繞不散，妹妹的聲音又闖進阿卿的腦海。阿素告訴她，當日江嬸與阿素看電影後，怒氣還未消，兩母女便一起上茶樓去。江嬸在茶樓愈想愈不忿，於是跑到鄉委會主席春叔那裡，投訴阿幸不供米飯錢。阿卿聽後有點惶惑，她想起母親走後，阿幸在食店大發脾氣，連手中的湯勺也擲到數呎外，把店中的客人全嚇走了。阿幸雙眼冒火地坐在店內，氣得久久也說不出話來。阿卿從未見過阿幸發這樣大的脾氣，就是鬧成這樣，阿幸才會……又是這一幕，阿卿不想再想下去，這一幕在過去兩星期一次又一次地浮現在她眼前，她多麼渴望一切沒有發生過。她拭去臉上的淚，離開驗身室，希望能永遠跳出那片不堪回首的思海。

1　五十年代末普通家庭每月收入約五百元，所以據推算阿幸每天的生意應約十至二十元，一元已算是不小的數目。

　　好不容易阿卿才熬過了兩個月，獨個兒望着自己一天一天隆起的腹部，儘管屋內充滿四名兒子的喧鬧聲和哭啼聲，也喚不起她沉重的心。這天是阿幸初級偵訊的日子，阿卿坐立難安，不知應否前往聽審，她直到現在還弄不清該如何面對阿幸。一個與她有親密關係的殺母兇手。應該維護他、支持他，還是該指證他？最後她決定還是留在家中，靜待漫長的一天過去。

　　當天有人告訴阿卿，有份參與殺死江嬸的阿杰和大頭仔竟獲撤銷控罪，這使阿卿氣得牙關打顫。為何那兩名無恥之徒竟可脫身，而阿幸卻仍在受罪？那天明明是他倆不懷好意地拉了氣憤的阿幸出店外竊竊私語，定是二人唆使阿幸去對付母親的，阿幸這樣敦厚是想不出這種害人的事情。再想下去，她又深感阿幸活該受罪的，他竟可以這樣對待自己母親。阿卿費盡氣力去將這些折磨的想法摒出腦外，靜靜地躲到房內餵幼子。忽聞一聲女人慘叫聲，她嚇得連兒子的奶瓶也掉到地上，孩子的哭聲將她喚過來，房外的六姑也跑進來看個究竟，阿卿稱只是不小心把奶瓶掉到地上，嚇慌了孩子。

　　六姑離開了房間，阿卿又身不由己地回到那夜……[2]

　　黑暗中，有三個人影正將江嬸從橫門的樓梯拖入屋

　　2　據當年的報道，有目擊者稱曾見死者女兒（即疑兇妻子）在案發現場出現過，但在法庭作供時疑兇和她自己的供詞均稱不在現場。

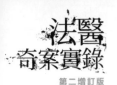

內，阿卿見到血淋淋的江嬸嚇得失聲。最令阿卿感到冒汗的是三人中，其中一人竟是阿幸。她無法將樸實的阿幸，與殺死自己至親的人連繫上。阿卿抱着孩子站在屋內，眼前一片空白，久久不能說話，只依稀記得有三個人影在她面前飄來拂去。她終於想起：是大頭仔那個大壞蛋，是他教阿幸清理地上的血漬，還要向阿幸勒索金錢。阿幸從抽屜取出七十元交給大頭仔，但大頭仔對此並不滿意，向阿幸再要一百元。阿幸已無選擇的餘地，只好答應遲些付，這樣大頭仔與阿杰才肯離去。阿卿認為殺死母親的主謀必定是大頭仔，為何他竟可脫身？阿卿雖然忿恨，但這既已是事實，她不欲多想，她反而渴望從記憶中找到阿幸曾給她的安慰。阿卿怎樣努力也想不起，只記起阿幸拉她進房與孩子躲起來的情景。究竟阿幸說了些什麼呢？她記不起。但阿幸忙碌地在橫門前倒水抹地的身影卻仍然歷歷在目，因為她萬料不到與她共寢多年的丈夫會如此冷血，而她懷中的卻正是與這人所生的孩子。

忽然她很想把這孩子拋開，很想與這男人斷絕關係，但她很快又念頭一轉，清醒過來，明白孩子是無辜的，於是又緊緊地擁抱兒子，輕擦他的臉龐，盼能擦去心中的記憶。可是她辦不到，耳邊不斷傳來阿幸的聲音，是他告訴住在對面的阿青與鄉委會副主席成叔，他遭到江嬸的襲擊。看到阿幸流血的大腿，二人促他到診所敷治和報警，但阿幸稱累推卻掉。阿卿此際又好像從

門縫中看見二人替阿幸止血，不禁讚嘆：「多麼出色的演技！」就這樣，阿卿凝望着四周漆黑中耀眼的門縫，讓淚水混和着奶水流進孩子的口內，無知的孩子吃得津津有味。

天亮了，孩子睡得很熟，阿卿卻在和暖的被窩中顫抖，雙眼仍然不能合上。一陣扣門聲將她帶回現實。是周伯催促阿幸往報案嗎？還是警察帶阿幸往長洲聖約翰醫院治傷？是春叔兩日不見江嬸，要帶阿幸往鄉委會？還是阿幸到鄉委會催促她返食店？不是，統統都不是，原來是春叔前來看看她，她聽到六姑與他的對話，阿卿刻意閉着眼睛裝睡。她再不想看見春叔，就是他帶警察往食店的。

那天晚上，春叔帶巡經坪洲的巡邏隊警員往食店找她和阿幸。警員看見食店內血漬處處，連床底也有，起了疑心。阿幸稱是阿卿月事遺下的髒漬，就這樣竟讓阿幸混了過去。警員見阿幸受了傷，便帶他往長洲聖約翰醫院治傷，而她與春叔則到鄉委會去。在鄉委會內，不知哪來這麼多關心江嬸的人，眾人問了她很多問題。這些關心，卻使心情紊亂的阿卿感到煩厭，無從回答。從醫院回來的阿幸繼續演出他的好戲，並安慰阿卿，江嬸已走了，要她回家。阿卿實在萬分害怕，死也不肯回家，阿幸只好獨自回食店。不久阿幸又跑到鄉委會催她回去，阿卿實在克服不了母親被殺情景所帶來的恐懼，

但更難克服的是阿幸令人毛孔直豎的行為，所以再次拒絕阿幸的要求。阿幸就這樣一夜間在鄉委會與食店來來回回了三次。天也漸亮，一群警員到鄉委會找春叔，春叔擺出一副主事人的模樣，帶領警員到食店找阿幸，進行搜查的工作，搜到江嬸的屍體。阿卿知道此事後，彷彿鬆了一口氣，連日來的憂慮終於找到了出口。

當日眾人想把阿卿蒙在鼓裡，不讓阿卿前往食店認屍，而找來她的叔叔代替她。又有誰知道她早已知道母親被阿幸藏在食店的灶底，用麻包袋和麵粉袋蓋着，然後用胡椒粉灑在袋面辟味[3]。她看見阿幸滿頭大汗地用英泥封灶，並以鐵板緊蓋封灶頂。無人告訴她母親的死狀，她也沒有問，只是呆待在鄉委會時，聽到春叔在隔壁告訴別人，警察如何揭開鐵板，整個食店如何臭氣沖天，如何發現人腳如何、如何……。警方等待彭醫官到場後，才決定如何掘出母親屍體。彭醫官到現場後，指揮警務處攝影師拍照，如何拆灶，如何掘出母親的屍體，阿卿聽得直噁心。

阿卿知道今天是彭醫官作供的日子。據說江嬸被掘出時，屍體的肌肉已腐爛[4]，皮褪髮脫，靜脈已褪色，死

3　疑兇以為胡椒粉可以辟味，其實胡椒粉是不能辟屍味的，相反胡椒粉會與身體組織產生生化學作用，令溫度上升，加速屍體腐爛的速度。

4　雖然江嬸的屍體被埋在英泥內，可減慢腐爛的速度，但由於江嬸的屍體是整個被埋在灶內，相對於被肢解後，身體水分大量流失後才被埋在灶內的屍體（可參考第三章〈愛情代價〉一文），腐爛的程度會較快。

狀恐怖，報章稱她似「科學怪人」。經彭醫官檢驗相信母親已死去約五十至六十小時，身上有三十七處傷口，遍及頭、頸、身、臂、掌、指等部位，氣管被割斷，致命傷是深可見骨的頸部傷口。

　　其實彭醫官的工作不只是檢驗江孋的表面傷痕，經阿卿叔叔認屍後，彭醫官曾解剖江孋。因為傷口切面齊整，故推斷是利器所致，與現場搜獲的兩柄菜刀吻合。此外，彭醫官發現她的心臟與腦部雖已腐壞，但內臟並無病徵。肺部有吸入的溢血，相信江孋身上部分的傷是在她活着時所造成的，即相信她是被活活砍死。彭醫官本想替阿幸檢驗，但被阿幸拒絕。

　　除了檢驗和解剖屍體，彭醫官也請攝影師拍下現場血漬分佈的情況。細察後發現血漬包括斑點（圖1－1、1－2）、濺沾（圖2）和血沫（圖3），位置包括店後樓梯的牆上和沿路地板上（圖4－1、4－2），部分離地約四呎六吋，亦有部分只離地約十四吋。斑點和濺沾相信是江孋站着和躺着時被襲濺出，又或是她反抗時弄傷阿幸所致。而血沫則相信是江孋被拖行或阿幸清理現場血漬時所造成的。彭醫官取了不同位置的血漬化驗，證實血液是屬O型的人血，與江孋的血型相同。由於阿幸拒絕接受檢驗，所以未能確定阿幸是否同屬O型血，但由血漬的量估計，阿幸的傷口是未能造成這麼大量的血漬。至於阿幸所稱床下的血漬是阿卿月事所遺下的，

亦不能成立，因為案發時阿卿已懷孕數月，根本沒有可能遺下經血。彭醫官也檢驗了阿幸的白汗衫和短褲，雖然發現人血，但由於量太少，所以未能斷定血型。而現場所檢獲的兩柄菜刀亦沒有發現血漬。

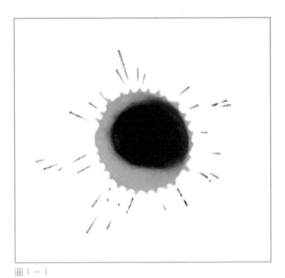

圖 1－1

血斑點。

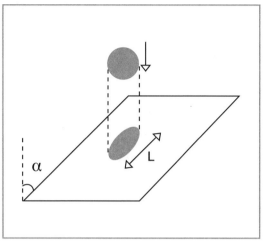

圖 1 － 2 a

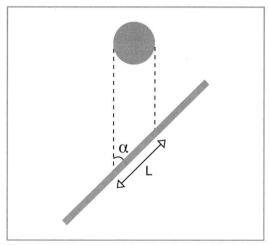

圖 1 － 2 b

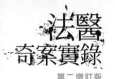

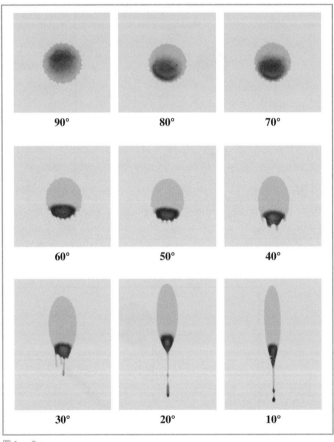

圖 1 － 2 c

斑點的形狀會按滴下的角度（α）（圖 1 － 2 a ＆ b）不同而轉變，滴下角度愈小，斑點會愈長（L）（圖 1 － 2 c）。

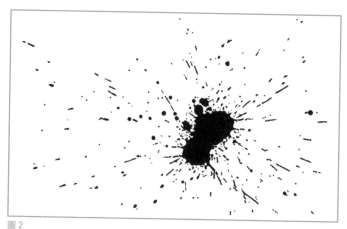

圖 2

血濺沾樣式。

圖 3

用手掌邊由左抹向右的血沫樣式。

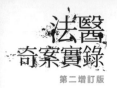

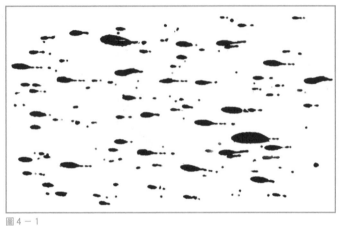

圖 4 - 1
血濺沾在水平面（如地板）的樣式。

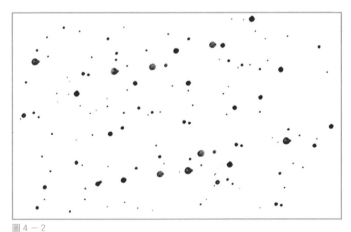

圖 4 - 2
血濺沾在垂直面（如牆上）的樣式。

　　在阿卿不大知道審訊過程的情況下，阿幸經過了個多月的初級偵訊和高院審訊，終被裁定謀殺罪成，依例判處死刑[5]。阿卿沉重得透不過氣的心情終可放鬆下來，但一直縈繞着她的問題卻始終未能解決，究竟是母親害了丈夫？是自己害了丈夫？還是丈夫害了母親？阿卿一直未能釋懷，現在她要面對的是另一些更迫切更實際的問題，是她如何迎接新的生命？如何在沒有丈夫和母親的幫忙下，照顧五名子女和妹妹呢？

5　　此案發生在五十年代末，當時謀殺罪的刑罰是死刑。案中被告約三個月後
　　　上訴至合議庭被駁回後，向行政局申訴，行政局憫其情，才將死刑減刑為
　　　監禁。

妒憤毀家

　　電話鈴聲響徹阿嬌的心窩，腳下的步伐愈走愈急，腦中不斷盤算着為何已半夜十一時，家中竟無人接聽電話，即使阿雅、阿詠和小嫻睡熟了，奶奶是個很醒睡的人，應會被電話鈴聲吵醒，定又是阿德從中阻撓。想起剛與阿德吵架和他那蠻不講理的模樣，怒火又從胸中噴出來。

　　都已是二十世紀九十年代，竟有他這樣食古不化的男人，三名女兒全都上了小學，家中又有奶奶照顧，與其賦閒在家，倒不如外出工作掙點家用，況且奶奶也答應幫忙。好不容易才找到一份酒樓侍應的工作，他卻總是想歪了，盲目地反對，說什麼妻子拋頭露面會惹人閒話。為了與客人打好關係，當然少不免要與客人閒聊兩句招呼一下，這是工作嘛！跟他成為夫妻多年，半點越軌的行為也沒幹過，為何他就是不信任自己？雖然有時會深夜才能回家，但這也是工作需要，因為晚飯飯市過後，也差不多十時了，怎能早回來陪他呢？老要妻子躲在家相夫教子，任由他控制就最合他意思，這是什麼年代？

　　怒氣沖沖的阿嬌氣得連鑰匙也拿不穩掉到地上，若不是害怕阿德會難為三名女兒，阿嬌也省得回來。阿嬌拾起鑰匙開門，卻發現大門反鎖了。阿嬌頓感不安，家中從未試過反鎖大門。她着急地拍門，可是仍沒有人應門，惟有慌忙地向鄰居求助。

　　鄰居幫忙把大門撞開，一陣血腥的氣味衝鼻而來。再看看屋內，她見到大女兒阿雅躺在睡房門前的血泊中，旁邊是奶奶樣子驚恐地坐在地上，瞪眼張嘴，恍若看不見她回來。阿嬌門也未及關，便快步走向阿雅。阿雅尚幸還有一絲氣息，可是想到淘氣的阿詠和小嫻，阿嬌懸着的心不敢放下。她迷糊間，已到了三個女兒的睡房，阿詠和小嫻好像還在酣睡，卻是睡在一張赤紅的床上。阿嬌有點失控，不知該怎麼做，最後由鄰居協助下致電報警。

　　電話接通了，報案中心的接線生問她需要什麼幫忙，她拿着電話聽筒，嘴巴卻不聽使喚，隔了良久才能開口說話。嘴巴好像淚水開關掣般，口一張開，淚就如雨下，收也收不住。阿嬌無視躺在廁所門前的阿德，對他不聞不問。這是阿德報復她不肯放棄工作嗎？

　　醫護人員將三名小女孩和未能作出反應的德母送往急症室，剩下孤獨的阿德在屋內等待法醫。法醫到達現場，檢查阿德頸部的明顯利刃傷口，傷口相信是由他手中拿着的荊刀造成，而且傷口是由左向右下斜，深度

也循相同的方向減輕。如阿德是右撇子，那傷口有可能是他自己造成的，但阿德是否自殺，則仍需要法醫進行解剖後，才能作進一步的確定，所以警方暫不將案件分類。由於警方需在現場搜查證據，加上當時已屆凌晨，因此阿德的屍體需要留在現場，直至翌日中午才被搬走。

阿嬌坐在急症室外，人群川流不息地在她眼前來回，可是這些臉孔都無法清晰地傳到她的腦內，她看到的只是三名可愛的女兒，在她面前撒嬌、躲懶或搞點鬼主意耍她的情景。想起她們每天早上都賴在床上，不肯起來上學。這次她們躺在床上，怎樣喚也喚不醒，被迫跟爸爸一起走了。她想起阿德留在睡房那封用紅筆寫的遺書，死前仍埋怨她不顧家，她整個人崩潰了。她就是為了家，為了多賺點錢讓一家生活得到改善，怎也料不到竟會弄至這個地步，她十分後悔沒給三名孩子多點時間。

救不活三名小孩，各人的焦點便集中在目睹案發過程的德母，希望能從她口中得知整件事的始末，可是她的情緒仍不穩定，有時喃喃自語，有時卻無故激動起來，警方無法落口供，他們惟有希望從法醫那裡知道多一點線索。

法醫替各人進行解剖工作，阿詠和小嫻全身只有頸部一個橫向的傷痕，傷口很深且齊整，是由利器造成，與現場撿獲的剎刀吻合。傷口四周有少許紅腫，是生前

造成的。根據現場床單血漬的方向與樣式估計，血是她們躺在床上時，由頸部靜脈的位置流出，流向床上，證明她們是睡着時被刎頸。再加上她們身上並沒有其他瘀傷，死前不似曾掙扎過，相信她們是在睡夢中被殺。死因應是失血過多，但仍須待藥物化驗後，才知她們生前有否被餵食藥物。

　　大姐姐阿雅的傷與兩個妹妹相似，頸部同樣有一個由利器造成的傷痕，傷口四周也見紅腫。阿雅的傷口傷及頸動脈，因此血漬的噴射方向和式樣與妹妹們不同。阿雅的血灑在衣襟，而且血漬的射程較遠較高，因此估計她是站着被襲的。除了頸部的傷口，雙手和身上均有瘀痕，加上阿雅倒臥的位置不是她的睡房，而是主人房前，相信她被殺前，是想從自己睡房走出廳求救，但經過一輪掙扎仍難逃劫數，估計瘀痕是掙扎時造成。

圖 1

被插傷傷者造成的動脈噴射樣式。

　　至於阿德，只有頸部一個較明顯的傷口，但在同一傷口的位置上，有多過一個的平衡傷口（見圖2），是多數自殺者自殺時猶豫所致。另被割的是頸部靜脈而非動脈，是因自殺時通常會傾後以順勢刎頸，令頸部肌肉保護了頸動脈。再加上傷口深度是由左向右下斜，而阿嬌已證實他是右撇子，所以阿德應是自殺的。

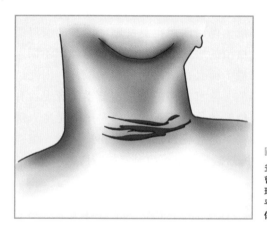

圖2

多數自殺者自殺時會怕痛，因此會出現圖中超過一個的平衡且較淺的猶豫傷口。

　　最後，從恐懼中甦醒過來的德母講述案發的經過，進一步證實以上的推測。案發當日下午，阿德與阿嬌又因為阿嬌的工作問題吵架，阿嬌認為阿德不可理喻，一氣之下離家。三個小姊妹看見爸爸沉默且帶點恐怖的樣子，於是罕有地提早躲上床睡覺。在寂靜的家中，阿德愈想愈憤怒，約晚上八時阿德神情開始有點怪異，終於

忍不住氣，狂性大發，首先將神枱東西推到地上，然後取出一幅祖先的照片，放在桌上燒。可是怒氣仍不能退減，於是取出祖先靈牌砸毀。

這時阿德已失去理性，不知何時手中已多了一把刜紙刀，他拿着刀衝入女兒的房間，執着女兒，一刀一個地殺起來。阿雅被妹妹們的尖叫聲吵醒，看見爸爸捉着妹妹，拿着刀往妹妹頸上抹，她驚惶地尖叫逃跑。德母已聞聲趕至，但被發了狂的阿德一手推開撞在牆上，德母眼看着阿德將孫女殺害，登時呆了。

一個大好的家庭就這樣被摧毀了，最後警方以三重兇殺和一宗自殺案處理，由於疑兇阿德已歿，案件就此了結，可是類似的故事卻仍不斷發生。

冤沉大海

　　一名正快樂地放暑假的少年，某天早上起床，突然想去釣魚，於是致電兩位好友，相約他們到附近岸邊釣魚。三人拿着魚竿坐在岸邊，欣賞沿岸的風景，享受柔和的海風。忽然一件肉色的東西隨着水流，從遠處漂近。起初他們不以為然，繼續過他們快活的時光。當那件東西愈漂愈近的時候，他們開始留意到它，於是研究起那件東西究竟是什麼來。由於那裡附近有屠房和街市，所以有人認為那件肉色的東西可能是屠房或街市運送豬肉時，不慎掉到海中的一塊豬肉吧。當那塊「肉」再漂近他們一點的時候，他們看見那塊肉綁着一件類似胸圍的東西，他們開始意識到那不是一塊豬肉那麼簡單，三人商量後立刻報警。

　　警方接報後，立即趕到現場，並請消防員協助把屍體撈起。同時派出水警輪到附近的海面搜索，希望能找到身體的其餘部分或可疑物件。法醫馬醫生稍後趕到浮屍被撈起的現場，隨即檢查該截人體，那是頸部至肚臍的軀幹部分，沒有了頭顱、四肢和盤骨。屍體的切口異常整齊，不似是被大魚咬噬以致肢體盡失，初步估計死

因有可疑。由於屍身上僅有一個胸圍，警方從殘屍得到的線索不多，所以暫時列為屍體發現案處理。

警方將屍體運到殮房後，馬醫生立刻進行解剖的工作。屍體並沒有腐壞的跡象，所發現的身體部分只有少許水浸造成的皺紋，相信屍體被掉入水中不足兩天。根據死者骨骼的 X 光照所見，骨骼的生長已完成，所以估計死者應是一名年齡介乎二十五至四十歲的成年女性。再根據軀體的腹部皮膚和乳頭，估計死者是一名曾懷孕的婦人。一個曾懷孕的婦人，腹部的皮膚由肚臍至恥骨會出現一條深色的紋，乳頭會較深色，子宮和子宮頸會有疤痕，子宮頸也會較未曾懷過孕的女子寬，但尋獲的軀體只有頸至肚臍的部分，沒有下腹和子宮部分，所以只能從腹部皮膚和乳頭的顏色估計死者可能曾懷孕，並不能完全確定這項資料。

那截軀幹雖沒有可疑的傷痕，但屍體切口齊整，相信是由利器造成，而並非由船或海洋生物所造成的，所以排除了意外死亡的可能。由於受害人若失去撈獲的身體部分是沒有生存的機會，所以警方將此案列為兇殺案。但死者的身份未明，警方惟有先從失蹤人口資料展開調查。

兩天後，一名薑船的工人正在太陽的照耀下努力工作，只見金黃色的海面閃閃生輝。一件暗淡的東西載

浮載沉於遠處的海面，令金光燦爛的海面蒙上了一點污垢。他不由自主地聯想到近日的新聞，報道説這附近發現了人體殘屍，他先打了一個顫，心想自己連一次六合彩安慰獎也未曾中過，該不會讓他遇上這種事情吧。他想了一會，心裡又感到有點不安，找來了一位同事幫忙看清楚那件東西，果然真的給他遇上了這種事情，於是立刻報警。

警方接報知道在日前發現浮屍附近的海面，有人發現一截類似人手的物體，附近的水警輪趕到現場，將那截人體撈起，證實是一截沒有腳掌的小腿。數分鐘後，在附近海面又撈獲一個長髮人頭，經拍照後，便將它放入一個膠桶內，然後立刻送往殮房，讓馬醫生作進一步的檢驗。警方相信該兩截身體部分與日前撈獲的人體軀幹有關，於是封鎖附近一帶海面，並派出俗稱「水鬼隊」的飛虎隊潛水人員在附近海面繼續打撈。同時派出大量的警員到岸上的商舖、地盤，還有登上附近的躉船，向在那裡工作的人進行問卷調查，看有沒有目擊者能提供有關的線索，並同時查問知否有失蹤者可能與此案有關。

腐壞的過程需要空氣和水分，而溫度愈高，腐壞的速度亦會愈快。案件發生時正值炎夏，海水溫度頗高，而被打撈起的人頭又在海水中浸了數天，所以已有初期的腐壞徵狀，臉部已開始發脹，但皮膚仍然雪白，雙目

緊閉，嘴巴微張，留長髮，面目尚可辨認，頭顱的額頭中間有一處舊疤痕。馬醫生檢驗死者的頭部時，發現頭部有被利器插過的傷痕，頸部也有被刀等利器斬過的痕跡，相信死者曾被襲擊，但這些傷痕是否致命傷則未能確定，所以不能確定死者的死因。不過有了一個可供辨認的樣貌和特徵，警方便可開始安排身體特徵與女屍相近的失蹤者親屬認屍。

翌日，警方到尋獲屍體的海岸繼續搜索，陸續發現左右手和一截大腿，較之前尋到的身體部分的腐壞和發脹程度更嚴重，但仍可見屍體切口跟前兩次尋到的屍體同樣整齊，相信是由利器造成，初步估計與日前發現的殘屍同屬一人。尋到較完整的左右手，馬醫生嘗試替死者套取指紋，但由於屍體已浸在海中多天，手指的表皮開始脫落，套取時遇到了一定困難。馬醫生利用放大鏡、拍照、強力膠水和鐳射光（laser lighting）等方法成功套取到死者的指紋，對確定死者的身份有很大的幫助。馬醫生在新撈獲的殘肢發現瘀傷，因此相信死者死前曾作掙扎。馬醫生亦按拾獲肢體的長度估計死者的高度，同時亦從不同時間尋獲的殘缺部分套取樣本，進行血型和DNA測試，證實各人體部分均同屬一人。

經數位失蹤者家屬認屍後，有一位失蹤者丈夫殷先生靠浮屍額前的疤痕和其他特徵，認為死者是其妻子阿

盈。最後經血型和 DNA 測試，證實了死者的身份。警方懷疑兇案的現場是阿盈的家，於是到殷家進行調查。利用科學鑑證的方法，發現單位內有清洗過的痕跡，在房間內的牆、門、地板和傢俬雜物，以及浴室的牆壁和地磚縫隙中，均發現少量血漬，而且血漬與死者的血型吻合。再加上發現浮屍的海面與殷家相距不過五分鐘的路程，警方因此更加確定死者便是阿盈。

殷先生認為最有可疑將阿盈殺害的人是他的哥哥阿寬，阿寬原本早在十多年前已移民往美國與父親同住，當時殷父在美國開餐館。阿寬到達美國後不久，便因賭債的問題與當地人發生爭執，最後在盛怒下開鎗將債主轟斃，被判入獄十多年，案發前一年才刑滿出獄。發生了這件事後，殷父決定將生意搬回香港，並買了殷先生現正居住的寓所，亦即懷疑是發生兇案的現場。阿盈為人十分殷實，與殷先生結婚後，甚得殷父和殷母的寵愛，兩老除了將物業轉贈至她名下，更將部分積蓄也寄存在她那裡。

阿寬回港後經濟拮据，因此搬到弟弟家暫住，終日無所事事賴在家中，且態度不佳，間中還以色迷迷的眼光投向阿盈，引來殷先生的不滿，但礙於手足之情，又相信哥哥不會長住家中，兼且哥哥有殺人前科，為免引起衝突，因此勸說妻子暫且忍耐。可是當阿寬得悉父母贈樓予弟婦的事情後，並沒有顧全兄弟之情，表現極為

不滿，要強佔一份家產。辛苦幹活和照顧父母多年的殷先生和阿盈當然不肯，兄弟從此鬧翻，一家人開始吵吵鬧鬧地過日子，直至最近阿盈失蹤才告一段落。阿盈失蹤翌日，阿寬稱有要事要回鄉一段日子，便匆匆離開殷家，眾人感到有點奇怪，也有點擔心阿盈的失蹤與他有關，但阿寬的離去總算是家庭回復和諧的一個辦法，況且要阻止他也不容易，想不到竟讓阿寬逃之夭夭。

　　阿盈的屍體被發現後一週，警方的重案組終於掌握到浮屍和疑兇的身份，於是召開記者會，正式公佈阿盈的身份，同時向市民呼籲提供阿寬的資料和行蹤。警方其實同時已通知阿寬家鄉的公安協助尋找阿寬的下落，但為免打草驚蛇，因此並沒有向公眾透露此行動。最後，中國內地的公安成功拘捕阿寬，警方立刻派工作人員往國內與阿寬會面，並套取口供和證據。雖然警方與公安合作，對阿寬進行了一輪審問，但阿寬始終拒絕承認他與阿盈被殺的事情有關，同時亦拒絕接受身體檢驗，一行人頓感無奈。

　　警方為了替阿盈找到兇手，潛水人員一連數天到發現浮屍的沿岸一帶，努力搜索阿盈尚未尋回的身體部分，希望找到新的證據或線索，很可惜，最終也只能覓到懷疑曾盛載過阿盈屍體的皮箱。皮箱內只有少量布碎，但找不到阿盈或阿寬的毛髮或血漬等證物，白費了他們的心機。

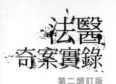

　　由始至終警方只能找到環境證據和證供，沒有足
夠的證據和證人能指證阿寬，所以警方始終無法起訴阿
寬，阿寬亦因牽涉國內一宗跨國偷運人蛇案件而被扣留
在內地，不能被引渡回港，向他對此案作詳細調查。法
醫和執法人員無法替阿盈申冤，只能將她送回家人的身
邊，她的冤情惟有從此跟她部分身體一樣沉於大海內，
一家人的沉重心情亦始終未能釋懷。

無助旅程

剛新婚的阿培眉頭緊皺地拿着電話聽筒，電話傳來前妻阿雲在中國內地自殺的消息。阿培隨即詢問公安女兒阿晴的情況，但他們説並沒發現阿晴的蹤跡。阿培念及女兒，放下聽筒便立刻匆匆趕往深圳，好不容易才將阿雲由深圳送往香港的醫院。

阿培開始有點懊悔將自己再婚之事告訴阿雲，觸動了她不穩的情緒。阿培頗同情阿雲，阿雲自幼父母離異，跟改嫁的母親與後父同住，遭二人虐待，又迫她嫁予一名老翁，幾經掙扎才能與他一起，那時阿雲已患上精神病。近日阿雲後父逝世，她認為這是自己詛咒後父多年的成效，因此怕後父的冤魂死纏不放，令她病情惡化，變成多疑性精神分裂症。可是當阿培一想到她反覆無常的舉動，他又忍耐不住。可憐的是阿晴，阿培多麼想將她留在身邊，但他因工作關係須早出晚歸，新任妻子又剛懷了孕，無人照料阿晴，只好將她送回給阿雲。雖然阿雲有點瘋瘋癲癲，平日她卻十分疼愛阿晴，誰知這樣竟會出事。

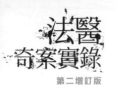

　　阿培為了阿晴，決定翻開阿雲的行李尋找線索。他在行李內找到一張電費單和一串鑰匙。阿培為此請了半天假，拿着這兩件東西，並按電費單的地址，前往沙頭角一條人跡罕至的鄉村，尋找阿雲與阿晴的住所，可是偏偏找不到電費單上編號四十八的村屋，他氣餒地回家。

　　回家路上，阿培看見一個個學生背着重重的書包下課回家，他想起前兩天阿晴就讀的學校通知他阿晴已缺課兩天，這是一件很不尋常的事，因為阿晴是個很懂事的孩子，不會輕易缺課。就是因為她太懂事，所以當阿培將她送回給母親照顧時，她也很諒解地接受，而阿培也很放心將她交給阿雲。他想到若給他找到阿晴，他定會替女兒購買新書，送她上學，不會再讓她無助地留在患病的母親身旁。為了阿晴，他往醫院找阿雲，希望能問知阿晴的下落。病床上的阿雲依然癡癡呆呆，她服了過量的安眠藥，雖然經過治療，但她仍然在「安眠」中。阿培無可奈何，只好到警察局求助。

　　翌日，兩名警員與阿培再到沙頭角尋找阿雲兩母女的住處。阿培與警員在樹影交錯的鄉村內，左兜右轉，就是找不到四十八號村屋。想找個村民詢問，村民又大多是長者，愈問愈糊塗，三人只好放棄。

　　阿培一連兩天都找不到阿晴，他有點惆悵，悶在家裡，希望有奇蹟出現。果然因他報了警，引來記者採訪。在兩名記者的游說下，阿培與一男一女記者再往沙

頭角尋人。這天是週末，村內的遊人多了，數名較年輕的村民也回了村，集數人的指示，終於找到四十八號村屋。據村民說，這村屋本屬一名長者，自他去世後，這屋已荒廢了很久，四周長滿野草，很少人在這附近出現，所以沒有指示牌，外人頗難找到這屋子。說也奇怪，近日這屋燈光長明，好像有人居住，但又沒看見有人出入，村民習慣了各家自掃門前雪的生活，也沒加理會。

　　阿培來到四十八號村屋的門前，環視四周，只有野草，一片荒涼。阿培面對這幢灰灰舊舊的破落村屋，他想逃。忽爾他想起已因自己的自私，從沒替阿晴着想而令她失蹤，牽動了他悔疚的心，他惟有硬着頭皮，握緊鑰匙往匙孔內轉。「咔嚓」一聲，喚醒了屋內的空氣，也燃起眾人的希望。記者與阿培懷着相同的目標走進屋內，四周張望，家具簡單得不能再簡單，全屋較為觸目的只有數件玩具和一個雙層雪櫃，那個雪櫃是屋內唯一可見的電器。三人同時感覺到：雪櫃內有他們想尋找的東西。

　　三人一起走到雪櫃門前，阿培與女記者同時看着同來的男記者，男記者只好鼓起勇氣準備打開雪櫃門。他選擇先開冰格，其餘兩人注視男記者的舉動。冰格打開，一陣寒氣冒出。可幸內裡什麼也沒有，眾人透了一口涼氣。經過了一次的「預演」，眾人增添了信心，安撫一下忐忑的心情，接着便打開雪櫃下層。這次同樣是一

陣寒氣，可是這陣寒氣卻冰封了阿培的心，雪櫃內是阿晴結了霜的屍體。阿培佇立原地，未能作出反應，僵硬的程度比雪櫃內的阿晴更甚，男記者只好替阿培報警。

　　法醫趕到現場，指示警務處的攝影師拍攝過現場和雪櫃的情形後，才將阿晴從雪櫃搬出來。由於阿晴的屍體被發現時是藏於雪櫃，所以很難估計她的死亡時間，卻因此能將她的屍體保存得很好。從她的屍體表面看，她沒有因低溫造成皮膚變紅的生理反應。（可參看第五章〈寒流〉一文）再加上她身上沒有因掙扎造成的傷痕，所以初步推測她是死後被放進雪櫃，但暫時很難估計她的死因。

　　法醫替阿晴進行解剖，發現她肺部有大量積水，相信她是被溺斃的。遇溺而窒息很容易理解，肺部大量入水，令氧氣不能進入肺部，造成窒息。很多人認為溺斃單單是因窒息致命，這可能只對了一半。若是由淡水引致的溺斃，水會由肺泡（air sac）大量流入循環系統，血液容量（blood volume）急升，令血液濃度減低，使紅血球破裂和電解質（electrolyte）濃度驟降，引起急性心機能衰竭（acute cardiac failure）而死。若是在鹹水溺斃的情況相反，鹹水會令循環系統的水分和電解質流向肺泡，令電解質流失，引起心臟困難（cardiac embarrassment）而死。這個影響會較淡水慢，因此在鹹水遇溺獲救的機會較高。大部分溺斃的原因便是縱合窒息與電解質和滲透壓（osmotic pressure）失調的效果致命。

　　由於阿晴死後曾被雪藏，低溫和雪櫃令屍體脱水，影響了屍體的血液濃度和血液容量，所以惟有進行矽藻測試（diatom test）估計阿晴是在哪裡被溺斃。不同地域的水會含有不同種類和比例的矽藻，甚至是水喉水也含有矽藻。若死者是被溺斃，矽藻會透過肺部進入循環系統，然後進入身體其他器官。若死後屍體才被放入水中，則只會在呼吸管道內找到矽藻。根據矽藻測試的結果，阿晴是被水喉水溺斃。

圖 1

顯微鏡下不同種類的矽藻。

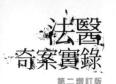

此外，阿晴胃部有未完全溶解的藥物，估計她是被餵服藥物後才被溺斃，與她沒有掙扎痕跡的情況吻合。法醫取了阿晴的血液和胃液樣本化驗，最後證實她死前曾服食過大量的安眠藥。

其後同樣服食大量安眠藥的阿雲甦醒過來，承認她為了逃避後父的冤魂，決定自殺。自殺之前，阿雲認為要先殺阿晴，迫阿晴吞服了超過二百粒的安眠藥，但翌日她發現阿晴竟然沒有死，她認為這定是後父的傑作，於是將阿晴的頭浸在水裡溺斃。想不到自己死不了，但阿晴竟先走一步。阿雲經過精神治療後，知道自己的冷血行為，十分後悔，承認了誤殺罪。法官認為阿雲需要的不是懲罰，而是治療，因此判她入精神病院。

心死

　　一名中年婦人坐在窗台，輕倚窗邊，拿着一張法庭判決書發呆，任由斜陽從臉龐移至膝上，她也沒察覺。她一直在想着那夜在倫敦遇上他的情景，她以為這輩子註定跟他在農場裡度過，下半生不再孤單，這簡直是上天的恩賜。當 Sabrina 知道懷了小寶時，這種「上天註定」的幸福感讓已屆中年的 Sabrina 毫不猶豫地誕下小寶。有這樣一個美滿的家，她確實想永遠待下去。

　　現實永遠不會像童話故事那樣，停留在最美的一刻。當天決定跟他離婚，帶小寶回港，只不過想斷絕痛苦的根源，也希望小寶不用在吵吵鬧鬧的家庭裡成長，令各人也可重過新的生活。想不到他不但不理解，還惡意相向，強要將小寶奪回並帶返英國。想到這裡，一向倔強的 Sabrina 竟淚如雨下，難道她唯一的守護小天使，也要被無情的法庭奪去嗎？

　　門鈴聲劃破死寂的空氣，Sabrina 剛把菲傭的名字説到唇邊，才猛然想起傭人已被辭退，因為小寶父親 Frankie 過兩天就會來接走小寶，不用再聘傭人照顧小

寶。Sabrina 於是匆匆擦去臉上的淚痕往開門，是 Joanne 帶小寶回來。小寶是個很會體貼別人的孩子，見到任何人需要幫助，他一定會伸出援手；有任何好的東西，也會毫不吝嗇地與人分享。無論在大人還是小朋友的圈子，也很受歡迎。小寶這麼受愛戴，媽媽 Sabrina 功不可沒，Sabrina 真的花了很多時間和心血教導他，小寶與媽媽的關係非常親密。

小寶站在門外捧住一大盒模型，準備母親一開門，便第一時間興奮地展示給母親看，但看見門後雙眼微紅的母親，他立刻乖巧地將歡樂的表情收斂起來。把他帶大的媽媽又哪會不知道小寶的心意？Sabrina 自動從小寶那裡取過大模型端詳，然後叮囑小寶謝謝 Joanne 阿姨。Sabrina 吩咐他自己換完衣服，便可砌模型，小寶高高興興地走入自己的小天地。小寶確實喜歡這片小天地，與在倫敦的家相比，這裡有吃有玩，天氣又晴朗，還結交了很多新朋友，他真的不想回倫敦。

Joanne 阿姨說，若他跟爸爸提出留在這裡，或許真的可以留下來陪媽媽，但他想到那夜爸爸跟媽媽吵架時，那副兇巴巴的模樣，他心裡已涼了半截，嘴巴發硬，說不下去。他只好執拾行李，回那無聊的農場，與他的寵物 Funky 過日子。想起 Funky 的長相有點像爸爸罵人的樣子，小寶不禁笑了出來，然後在一團糟的書桌上找了一張紙，畫起 Funky 來。

　　在廚房內，Sabrina 與 Joanne 正一起準備弄一頓簡單的晚餐，Joanne 知 Sabrina 一向是個逞強的人，也不問她貼身的問題，改由跟小寶這天相處的內容說起。Joanne 告訴 Sabrina 小寶喜歡香港，不想回英國，勸她不如為了兒子，好好與 Frankie 談談，Frankie 也不是個蠻不講理的人。Sabrina 不發一言，Joanne 只好識趣地停止這話題。

　　這夜 Sabrina 問小寶想不想跟她一起睡覺。自從媽媽與爸爸離了婚，小寶才有機會與媽媽一起睡覺，小時候他想與媽媽睡，她總不答應的，說他「大個仔」，應該自己睡，但現在不是比從前「大個」嗎？為什麼媽媽反而會讓他與自己睡覺呢？小寶雖然想不通，但他仍是歡天喜地地跑到自己的睡房，取了屬於自己的小熊公仔抱枕，跳到媽媽的床上，笑容燦爛地望着媽媽。Sabrina 也用食指輕觸他的鼻尖，讚許他可愛的笑容。畢竟小寶也只有六歲，有媽媽哄着睡，確是一件樂事。

　　Sabrina 看着小寶，問小寶想不想跟媽媽永遠在一起，小寶用力地點頭。Sabrina 叫小寶要快點睡，做個乖孩子。小寶確是個很討人歡喜的孩子，Sabrina 心想即使他貪玩不肯睡，她也會原諒他的，這樣可愛的孩子，Sabrina 已下定決心，不讓他離開自己。她走到窗台邊，拾起法庭判決書收進抽屜內。

Sabrina 望着夜空，苦撐着雙眼不讓它們合上，把一輪明月看成是娥眉月，但她仍然撐下去，因為她要等兒子先行「離去」，她才放心。她看過很多報章報道，身為腦科醫生的她也親眼見過自殺不遂弄至終生殘廢的個案，她決不能讓小寶變成那個樣子。她盤算時間已差不多，便從抽屜中取出早已準備的遺書放在床前，然後替小寶把脈，確定小寶已安然「離去」。Sabrina 在小寶身旁拿起針筒，插入早已準備的藥瓶，用純熟的手法替自己在胸前打了三針，並將針筒藥瓶棄於門外，然後打點一切，躺回床上蓋好被，決定與小寶永不分離。Sabrina 就這樣替一段異國情緣、一個快樂的家庭畫上句號，與小寶隨閃爍的繁星離去。

Sabrina 媽媽伍太知道外孫快要離港，也想多見他一面。上次見 Sabrina 時，Sabrina 有一句沒一句地回答她，又不替兒子打點離港的事情。雖然 Sabrina 年紀也不輕，作為媽媽仍不免替她憂心，於是打電話到 Sabrina 家，但打了半天也沒人接聽。伍太知道 Sabrina 因兒子離港，特地請了數天假在家陪伴小寶。找不着女兒，伍太有點不祥的預感，於是找了兒子與她一起往 Sabrina 家。

二人來到 Sabrina 家門前，叩門良久，也沒有人應門。用鑰匙開門，門又給反鎖，二人有點害怕。Sabrina 弟弟在門外四處找，想找破門工具，但找不到，卻發現一個藏有藥瓶和注射劑包裝的紙袋放在門外。Sabrina 弟

弟認為事態嚴重，於是報警。

　　警方破門入屋，在主人房內發現 Sabrina 母子平靜地躺在床上。法醫奉召到場，看見二人屍體已出現屍斑。屍斑是估計死亡時間的方法之一（可參看第五章〈寒流〉一文）。綜合現場環境的溫度和濕度，憑屍斑和屍體僵硬程度，估計二人死去約半天。法醫在二人的左胸找到三個針孔，是一個非常專業注射藥物入心臟的方法。若藥物是經循環系統產生作用的，由心臟出發流到身體每處，能加快死亡的時間。法醫檢查藥瓶，是一種心臟和麻醉藥物利多卡因（lignocaine）的藥瓶。利多卡因能直接影響心臟，他與法證科的工作人員將拾獲的藥瓶送往化驗所化驗。

　　法醫解剖時抽取各種體液和針孔附近的組織化驗，證實 Sabrina 母子的體液和組織樣本均含大量的利多卡因，而母子二人是由於心臟功能停止，引致腦部缺氧而死。利多卡因是一種以控制細胞的電流活動（electrical activity）達至控制心律的藥物。醫生進行心臟手術時也會用這種藥物作局部麻醉，令心臟暫停跳動，以防止病人大量失血。

　　正常的心肌細胞以控制細胞的細胞漿氯化鉀（plasma potassium chloride）濃度來令心臟跳動，當細胞漿鉀離子增加，產生正極，使心臟肌肉收縮，然後由

細胞膜的鈉離子通道（sodium channel）將鉀離子運出細胞外，令心臟肌肉放鬆，這樣一收一放造成心臟跳動，將血液帶往全身。當大量的利多卡因注入心臟，心臟細胞的電流活動受到干擾，令心臟停止跳動，血液中的氧氣未能通過血液流遍全身，引致腦部細胞缺氧而死亡。由於藥瓶只有 Sabrina 的指模，因此估計 Sabrina 是先殺死兒子，然後自殺，並無其他可疑。

選擇自殺的人，很多時會用跟他們職業有關的方法，如農夫會用農藥，醫生則會注射致命藥物。其實如果他們自殺前想一想，有多少人每日竭力地掙扎延長自己的生命，不知結果會不會不一樣呢？

缺氧

　　陣陣涼風從窗口吹進車廂內，諾諾和芝芝高興地敘說窗外看到的景物，然後又問這又問那，活像一對吱吱叫的小鳥，她們今天樂極了。對！阿麟心想，這正是他想讓一對小寶貝得到的快樂。一想到她們的未來，他真不知他還可以為她們做點什麼。幸福？他真不敢想，她們的媽媽走了，家又愈搬愈小，由高級豪宅，搬到地痞村屋，難道最後要她們跟他一起風餐露宿嗎？

　　阿麟有點懊惱，他該往哪裡走呢？剛巧路邊有一間士多，車廂內那雙孖寶，便立刻嚷着要吃雪糕。阿麟於是停下車來，小姊妹已急不及待，車門一開就直奔士多門口，她們看見慢吞吞的爸爸拖着腳步，有點心急但又不敢自己向店員要雪糕。其實她們也知道爸爸近日很不開心，媽媽走了，又有些叔叔兇神惡煞地向爸爸要錢。畢竟她們也只是小孩子，實在等不了爸爸那樣慢的步伐，於是互望了對方一眼，便撲向爸爸，扯着他，要他加快腳步，阿麟也只好順從。

　　舔着甜筒的諾諾和芝芝，迅即靜下來，注意力全落

到甜筒上，阿麟卻一面在青蔥路上漫步，一面抽煙，不由自主地想到債主臨門。雖然自己從前是個警察，但面對上門追債的收數大漢，他還是束手無策。若要申請破產，他又不甘心，多年的努力付諸流水。想着想着，他又想回舊路，想起那天站在大廈高處，剛儲夠勇氣，準備縱身躍下時，竟被人發現而阻止。也是的，又何必陷人於不幸，若躍下時，壓傷途人，確也是太無辜。

這時諾諾和芝芝已滿頭大汗，嚷着要爸爸開冷氣，此際阿麟想到一個既不傷害別人，又可達成「心願」的辦法了。阿麟替姊妹們抹乾身上的汗，便開車載她們駛往一個有樹蔭的露天停車場。在停車場內，他安頓諾諾躺在後排座位，自己則抱着芝芝坐在前排，然後放她們最喜愛的音樂盒音樂，哄她們睡，自己也樂於跟她們一起進夢鄉……

經過一片綠意盎然的草坪，來到一個清幽的露天停車場，一大批警員和法證科的同袍在寧靜的郊野中，圍着一輛汽車工作。法醫瞭解過基本案情後，便觀察三名死者的情況，芝芝安躺在阿麟懷內，諾諾則橫臥在車廂的後座，身上蓋了一件外衣，死前沒有掙扎過的跡象。此外，三人身上並沒有任何傷痕，只是皮膚均呈桃紅色，是吸入過量一氧化碳的徵狀，初步死因並沒有可疑。

次日，經阿麟的前妻，亦即諾諾和芝芝的母親認屍

後，法醫替三人解剖，身體各部分沒有患病的徵狀，也沒有任何可疑的發現，故相信三人的死因是吸入過量一氧化碳。因為三人皮膚呈桃紅色，所以抽取他們的血液樣本做一氧化碳的測試，證明三人血液的一氧化碳含量過高。一氧化碳比氧氣更容易與血液中運載氧氣的血紅蛋白結合，變成碳氧血紅蛋白（carboxyhaemoglobin），碳氧血紅蛋白能令皮膚變桃紅色。一氧化碳與血紅蛋白結合牢不可破，不像一般人體細胞製造出的二氧化碳般可被氧拆散、取代。因此吸入過量的一氧化碳，會令人缺氧，細胞無法呼吸致死。阿麟利用汽車廢氣自殺的原理與效果，跟近年流行的燒炭自殺方法相近。

　　法醫替三人取了眼液、血液、尿液、胃液和膽汁作進一步化驗，同時亦切取少許肝臟組織進行藥物測試。眼液主要是用作測試酒精，因為眼液較其他體液清潔，但因量少，只足夠做酒精測試。血液和尿液量較多，除會進行酒精測試外，亦會進行多種藥物測試，化驗結果證明三人沒有在死前喝酒或服食任何藥物。肝臟組織和膽汁同樣沒有服藥和吸毒的跡象。

　　另在諾諾及芝芝的胃液樣本中，發現奶類食品的物質，估計她們死前曾吃過奶類食物。其後警方在查訪附近一間士多時，得士多東主證實阿麟三父女曾買過雪糕吃。店東得知諾諾和芝芝死訊，也感到十分可惜，她倆是對十分乖巧可愛的姊妹。

　　諾諾和芝芝的母親認屍後，帶了小姊妹喜愛的啫喱，到事發現場路祭。小孩子的需要就是這麼簡單，不用豐裕的物質，只要給他們多一點時間，多一點愛已很足夠。其實看着孩子們健康地成長也是一件樂事，環境轉變或許是上天給忙碌父母們一個與孩子多點相處時間的機會，請別放棄！

其實小孩子的需要很簡單，
只要給他們多一點時間，
多一點愛已很足夠。

CHAPTER 5

寂寞暮年

第一次參觀公眾殮房時，碰巧遇到一位年輕人到殮房認屍，他看了良久也認不出該名死者是否他的外祖母，可想而知他們有多久沒有見面，對她有多照顧。雖則不知死者的為人，但仍替她心酸。綜觀現今發達的社會，家庭對長者的關顧愈來愈少，年輕一輩可有想到自己的將來？

寒流

　　朝陽暖暖地照在行人身上，一雙互相依靠的長長影子烙在行人路上，是一對老夫婦，男的扶着女的一拐一拐速度特慢地前行，二人穿上厚厚的深色毛衣，頸巾帽子手套一件不漏，將自己包裹得密不透風，惟恐有一絲寒風鑽進熱暖的衣窩內。

　　一陣蕭索的寒風拂過，將伏在棚架上、看街景看得入神的阿雄刺醒，他立刻冷得牙關打顫，雙手發抖。今天是入冬以來，最寒冷的一天，溫度最高也不到十度，但阿雄仍要一大清早起床幹活，他是負責大廈外牆維修工程的，在這個人口老化的屋邨工作已數星期，每天在棚架上上落落，看到不少躲在屋內長者的奇特行為。行動自如者，尚可往街市買菜做飯，當作一種消遣，要不然便是聽着過時的戲曲，或看無聊的電視節目，健康或經濟情況更壞者，甚至被迫呆呆地坐在屋內凝望屋外，懷緬昔日的種種片段，眼睛沒有焦點，生活沒有衝擊，彷彿每一秒也在等待死神的召喚。

　　阿雄今天爬到四樓某單位外工作，他照例好奇地

望進屋內，看看屋主又會有什麼有趣的行為，會是不停地點頭，不停地摺疊膠袋，還是剛洗完頭，然後又不停地要求家務助理幫她洗頭。可是今天屋主陸婆婆卻讓他失望，只見陸婆婆躺在床上睡着了，但奇怪的是陸婆婆竟如此壯健，把衣服脫得剩下棉布內衣褲，阿雄想想可能是屋內暖爐過熱吧！可是他環觀屋內，卻又找不到暖爐，莫非陸婆婆有特殊的耐寒能力？阿雄雖然有點詫異，但還是繼續工作，沒有再理會陸婆婆。

夕陽西下，阿雄準備下班，又再經過陸婆婆緊閉的窗戶，發現陸婆婆睡姿依舊，屋內情景一絲不變。阿雄隱隱感到不妥，於是輕敲窗門，陸婆婆沒有反應，阿雄連敲數次，並愈敲愈用力，可是陸婆婆仍是一動不動，卻喚起了鄰居陳伯的注意。在寂寞平淡的生活裡，突然有這種特別的事情發生，簡直令陳伯有點雀躍，陳伯立刻探頭出窗外問個究竟。阿雄說出原委，陳伯便熱心地走到陸婆婆門前按鐘，並大喊陸婆婆的名字，但怎也不能把婆婆叫醒，於是阿雄與陳伯商量後，決定報警。

警察趕到現場，破門入屋，證實陸婆婆已過世一段時間。警方見陸婆婆在寒冬裡竟只穿薄衣一件，甚感可疑，於是拍下屋內環境的照片，並在現場搜集了些證物。然後細問陳伯關於陸婆婆的家庭背景，知道婆婆雖有一名女兒，但自丈夫數年前去世後，便一直獨居，鮮見女兒來探望陸婆婆，陳伯也不知道聯絡陸婆婆女兒的

方法。警方最後只靠現場尋獲的紙張中，找到陸婆婆女兒阿歡的電話。

阿歡沒有到殮房認屍，因為她最怕這種場合，惟恐母親的鬼魂會一直跟着她，上次父親辭世，也是母親花了半天時間游説，她才到父親靈前上了一炷香。今次要她來殮房，簡直要了她的命，於是她找來堂兄代勞。這位堂兄也只是數年前在一個喜慶場合見過這位嬸嬸。法醫問堂兄陸婆婆向來的健康情況，他一概不知。堂兄循例勉強地瞥了陸婆婆遺容一眼，便説是陸婆婆，讓法醫解剖。

法醫檢驗過陸婆婆的身體，沒有表面的傷痕，但身體的關節位如手肘、腳踭位置出現紅斑，這是因低溫症（hypothermia）而死的徵狀。低溫令身體的新陳代謝活動（metabolic activity）降低，使細胞失去吸取氧的能力，所以大量含氧血紅蛋白（oxyhaemoglobin）留在皮膚的血管內，而含氧血紅蛋白是呈紅色的，故造成紅斑。這跟屍斑稍為不同，屍斑是由於人死後，循環系統停止操作，地心吸力令紅血球細胞在血管內沉澱，造成紫紅色的斑點，並平均分佈於身體的底部。像陸婆婆那樣躺臥在床上死去超過十多小時，屍斑已出現，但臀部、後肩等壓在床的位置卻呈白色，這是由於血管被壓着，所以紅血球難以通過那些部位，因此不會造成紫紅色的屍斑。若死者是吊頸而死，雙腿的屍斑

會較明顯。由於血管內含氧血紅蛋白和去氧血紅蛋白（deoxyhaemoglobin）同時存在，所以屍斑多是呈紫紅色，但死者的死因也會影響屍斑的顏色。若死者是死於窒息或吸入大量煤氣，血管內的去氧血紅蛋白增加，屍斑會較藍。若死者是死於吸入過量一氧化碳，血管內的是碳氧血紅蛋白，是呈桃紅色的。

解剖的過程發現陸婆婆胃部潰瘍，胰臟硬化並有血點，也是低溫症的徵狀，因此法醫斷定陸婆婆是死於低溫症。既然是低溫症致死，為何陸婆婆會於死前脫掉身上大部分的衣服？這不一定是陸婆婆想自殺，可能是因為她體溫調節機能已失靈，失去感應外間溫度的能力，因此即使環境有多冷，她也會感到熱，所以便脫去厚衣，加速她步向死亡的步伐。

解剖完畢，堂兄循例領回屍體，在殮房內草草地上炷香，拜一拜，便運往火葬場，什麼儀式也省卻了，阿歡整個過程都沒有出現。

曾經看過港台一個一九九四年製作的電視系列《飛越工作間》，其中一集名為《安樂使者》，當中的一位被訪者是負責搬運屍體的工人，他說每天都會收到兩至三個獨居老人倒斃家中沒人發現的個案，有時甚至屍體發臭才有人報警。每年更有約六百具遺體無人認領，需要安排公葬。香港一個人口如此稠密的地區，竟有這麼多

人營役一生，卻要形單隻影去走完人生最後階段，甚至死後要靠惡臭來公佈死訊，召人替自己殮葬，是一個多麼諷刺的結局。

謝幕

　　九婆一邊拿着買回來的魚、菜、肉，另一邊吃力地拖着已殘廢了的半邊身，慢吞吞地步回與兒媳孫兒共住的公屋單位。九婆走一會便要喘着氣停下來，待休息夠了，復又繼續上路。每遇上鄰居，她總是笑容燦爛地打招呼，遇上街坊要幫忙的事，如免費暫託小孩、借日常用品或煮食工具等，幫得上忙的，她一定盡力而為，在街坊心中是個可愛又友善的老婆婆，甚討人歡喜。

　　九婆退休前在酒樓洗碗，若不是老闆嫌她手腳慢，她是不肯退休的，希望掙點錢補貼家計，不用加重阿恆的擔子。可是這副老骨頭又不聽使喚，竟中風了，半邊身體殘廢不用說，還連累兒子花錢醫治這不中用的身體，實在有點浪費，處處護着阿恆的心一下子白費了。

　　九婆今天準備弄一頓比平日豐富的晚飯，她早已約好家人，渴望這夜一家能開開心心地度過，因為她希望留下一個好印象給他們。可是當她打開家門時，卻看見孫兒阿波穿鞋預備離家，九婆問他會否回來吃飯，阿波沒有理會九婆，沒有回答她，便踏出家門。九婆抑壓着

慣常被漠視的無奈，心想沒了阿波共膳，還有阿恆夫婦。

熱騰騰的蒸汽從湯煲升起，令九婆充滿暖烘烘的感覺，煲湯給兒孫喝是她唯一能做到的事情，她渴望看見他們喝湯時快樂的表情，更想見到他們健康地生活。未到七時，她已準備好一桌的飯菜，等待家人回來。她一直等，心情隨着飯菜的溫度下降。眼望着開了的電視，耳朵卻貼住大門，留意着鑰匙開門的聲音，天空的陽光也隨着鄰近孩子嘻笑聲漸漸消失。九婆沒有因陽光離她而去而開燈，屋中只有神枱那裡一片紅暈。九婆的淚水流了又抹，抹了又流，不知多少遍仍沒人看見。

到了八時許，恆嫂打完麻將回來，九婆頓感欣喜，整天也在盼望這個時刻，誰知恆嫂見到滿桌飯菜，竟罵她不知世道艱難，兒子賺錢辛苦，無端大宴，一面吃一面還是罵着。九婆忍不住問她阿恆有否告訴她何時回來，恆嫂說他今天加班，未能回來吃飯。九婆一陣心酸，她只求一家歡聚也未能如願，她不怪他們，只怪自己福薄，她面對着一桌吃剩的菜，卻沒法嚥下。若是平日她定會把飯菜整理好放入冰箱，今天她卻沒了這份心思，只管回到自己在露台的「睡房」，耳邊恆嫂的咒罵仍不絕。

九婆想這世界上只剩下阿恆一個對她好，她決定待阿恆回來見他一面。她一直等，一直等，望着無邊的天

際，看見天色微紅，明天想必又會下雨，雨天過後是晴天，晴天過後又復雨天，一代過去，便是另一代，即使多美麗總會過去的。她想起丈夫去世時的無助，想起阿恆兒時在山野間奔跑的安慰，想起娶媳婦的滿足，想起媳婦誕下麟兒的愉悦，想起……

忽而門聲響起，是阿恆回來，在漆黑的房內，她等待兒子到洗手間時經過她的房，每夜阿恆回來總會看一看她才入睡，這夜也不例外。阿恆見九婆凌晨仍未入睡，當然走進她房間，默默地坐在她床上，他總是不多話，這並不代表他不着緊九婆，只是他感到自己一個大男人，不知如何開口説出來。九婆用一雙粗糙的手，欣喜地撫摸阿恆同樣粗糙的臉，又不禁流下淚。在漆黑中，九婆讓淚水直流下去，不想讓兒子知道，阿恆確不是個細心的兒子，竟沒發覺母親哭了，只拍拍九婆已無法伸直的背，便默然離開。

九婆得到這一點安慰後，她一面想起前天醫生請她約阿恆見面，一面寬懷地穿起她早已準備好的黑色新衣……

次晨，阿波匆忙地起床，發現已趕不及準時上學，他整肚子不滿地埋怨九婆為何不喚醒他，他匆忙地梳洗後，發現沒襪子穿，於是怒氣沖沖地闖入九婆的房，房裡的情景讓阿波不由得嚇呆了，九婆已然半吊半躺在

床上，舌頭伸出來，樣子恐怖。阿恆見阿波忽然沒了罵聲，走進來看看，看見母親掛在床上，他已深感不妙，直奔到她身旁，把她解下來，可是九婆已沒半點反應，早已斷了氣。

法醫並沒有到現場，只在殮房接見阿恆和恆嫂，法醫詢問九婆的病歷，阿恆一直垂頭，由恆嫂發言。聽恆嫂的語氣，大概是想告訴法醫九婆因病厭世，所以是自殺，不關她夫婦倆的事。雖說阿恆否認要對九婆之死負上任何責任，但從阿恆的神情，可見他對母親的死深感愧疚。

法醫檢查九婆的身體，右半邊身有點萎縮，頭部充血、眼球微絲血管爆裂、面色蒼白帶藍和頭部皮膚呈紅點，尤其皮膚較薄的位置如眼蓋位置紅點更清晰。由於九婆是半吊半躺的姿勢，頸部受壓的壓力只能阻止了靜脈血液從頭部流回心臟，而不能阻止動脈流向頭部，使頭部血壓增加，產生眼球微絲血管爆裂、頭部充血和頭部的微絲血管爆裂產生的皮膚紅點。同時呼吸道受阻引起缺氧，造成面呈藍色。若死者吊頸時是懸於半空，身體的重量會使頸部所受的壓力大為提高，使頸部靜脈與動脈同時受壓。而且上吊至死亡的時間很短，所以頭部充血、面色變藍和皮膚呈紅點的情況並不明顯。九婆的解剖結果並沒有其他可疑的傷痕，因此法醫相信九婆是死於窒息。

　　另外，九婆頸部只有一條由前頸中央斜向後頸的明顯紅繩痕，繩痕在後頸中央繩結位置中斷，而且舌頭伸出，是吊頸自殺所造成的。若是他殺，頸部的繩痕會較模糊，甚至會出現超過一條繩痕（見圖1），而繩痕附近多會有指痕的紅印或指甲刮傷等傷痕，這是由於死者死前掙扎所致。因此警方相信九婆是自殺，但真正的兇手又該是誰？

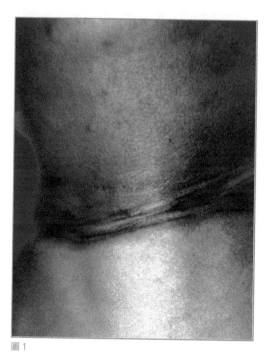

圖 1

圖中死者頸上超過一條繩痕，具他殺的可能性。

在過去二十年，老人自殺率一直排行全港自殺數字的首位，據二○○○年的一個統計，共有二百六十四名老人（六十歲或以上）自殺，佔當年全港自殺人數的百分之二十八點九，約平均每三十三小時便有一名老人自殺，高據全球長者自殺率最高的第三位（僅次於新加坡和中國）。老人自殺原因很多，不在此詳述，但大部分老人自殺前都有徵兆，如情緒不穩定、抑鬱、拒絕援助、完成私人事務或表現不尋常的恐懼和緊張。若家人能真正關心他們，定能發覺他們的異常舉動。偏偏城市生活忙碌，尤其在這經濟不景的時勢，忙得連停下來留意一下身邊人的時間也沒有，到發生了不快的事才後悔，已是無法補救。請在喘息間，騰出點時間關顧身邊曾替你扛了很多擔子的人，別讓自己後悔！

落空

　　這是一個炎夏的下午，烈日當空，正是陽光最兇的時間，但竟有近千名身體虛弱的長者在球場內排隊。又是一年一度盂蘭節派米的日子。雖然五時才開始派米，但大部分的長者惟恐錯失取米的良機，有經驗的二時許已來到球場排隊，令球場出現陣陣的人潮。這些長者並非單單為免費米而來，最重要的是那些米是經過拜神祈福，各長者為了家人平安康健，均不惜花點時間和汗水輪候。在擠擁的球場內，各人預備各式各樣的小凳子，五顏六色、形狀各異，看起來蠻有特色。再加上他們有的打起傘，有的戴帽，有的找個樹蔭擋太陽，也有的攜帶一把紙扇，一扇兩用，既用來搧風，又可擋太陽，繽紛的色彩引人注目。

　　一名小孩子吃過午飯後，跑到天台玩要，從高空中俯瞰球場這罕見的情景，看得他蠻過癮，即使髮尾滴着汗珠，汗衫盡濕，他也高興地沿着天台的石欄跑來跑去，希望從不同的角度觀看這「奇景」，發掘更多的趣味。可是當他繞到石欄另一角時，他被一個坐在石欄邊上的老婆婆嚇停了。婆婆面向天台呆望，眼神全沒焦

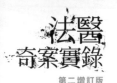

點,神情令小孩感到不安。一陣久違了的涼風吹過,微風拂過婆婆的臉,卻完全撩不起婆婆任何的反應,彷彿微風從未經過她的臉龐。反而涼風卻令小孩感到陣陣的寒意,這個婆婆不但破壞他這片小天地的寧靜,打擾了他欣賞奇景的「雅興」,更令他充滿危機感。小孩望了望婆婆,見她仍沒反應,於是掃興地回家。

在鄰居眼中,黃婆婆是個沉默寡言的人,她甚少說話,如果可以的話,她連向鄰居打招呼也會省下,背景相當神秘。白髮蒼蒼、滿臉頹喪的她,滿腦子有數不完解決不了的事情。她舉目無親,自從健康不佳被迫退休後,社工替她申請綜援,搬到這裡孤伶伶地獨個兒居住。丈夫死後,黃婆婆一直覺得自己很孤單,不想溜出屋外與他人聊天,因為沒有傾訴對象,又不想將自己的不快告訴陌生人,她覺得這樣怪怪的,於是任由孤寂的感覺逐漸蠶食自己的身心。數月前她聽聞一位遠房親人的兒子要找個落腳的地方,黃婆婆心想反正自己這裡有地方,也希望在生時遇上什麼事情也有個照應,即使死了也有人擔幡買水,於是答應了那位親戚讓那孩子在她那裡居住,但條件是她死後,那孩子要替她擔幡買水。

為了迎接這位新住客,黃婆婆將單位大肆裝修,然後讓孩子入住。由於黃婆婆口密,無人知道這男子的身份,但鄰居估計他是黃婆婆的親人。黃婆婆沒有兒女,起初對這孩子噓寒問暖,愛護有加,本想栽培他成

才，希望日後有個倚靠。可是這孩子非但沒有感激黃婆婆的恩惠，更對她態度不甚尊重，嫌棄她過分關心他的行為，認為她太嘮叨，令他失去了自由和個性，漸漸不願回黃婆婆的家，近月甚至連人影也不見。黃婆婆想不通為何對別人關懷親切，卻換來無端的指責？她努力工作，營營役役，換來卻是下半生無依無靠，打後的日子怎麼過？這生難道是來償還前生的債？想到這裡，球場耳畔傳來做法事的敲鐘聲，聲聲都在催促她上路，她便轉身一躍而下⋯⋯

公公婆婆三五成群地聚在一起，自然少不了閒話家常，汗流浹背也掩不住他們的話匣子，自有他們的一片小天地。一群婆婆正圍坐着輕聲說媳婦的不是，李婆婆只有聽的份兒。李婆婆雖然很少說話，但她笑嘻嘻的樣子卻成了她的「招牌」。她跟黃婆婆一樣沒兒沒女，只有一個姪女住在她住處鄰近，互相照應。她視姪女的兒女如自己的孫兒孫女，這次來排隊一半也是為他們祈福，一半是為了來聽其他婆婆閒話家常，湊湊熱鬧，消遣時間。

突然一個黑影從天而降，一聲巨響，頓時打破了長者們鬧哄哄的氣氛，眼前只見血漿四濺，剛剛坐在一旁聽人談話的李婆婆已倒臥於血泊中，一動不動。李婆婆身邊的銀姑，也被墮下的黃婆婆壓着右腿，痛得呱呱大叫。即使年過半百，身經百戰的長者們，也被這情景嚇

得四散，不知所措。

　　黃婆婆與李婆婆被證實當場死亡。李婆婆經法醫解剖，發現頭骨碎裂、頸骨截斷，其他身體內臟健康，身上並無任何可疑傷勢，因此斷定是頭骨碎裂，引致腦部受傷而死。黃婆婆的頭骨同樣碎裂，而且四肢變形。四肢變形是跳樓自殺常見的傷勢，因從高處墮下的力度，很容易令肢體變形。若死者在墮樓途中碰撞過其他物件，也會造成不同的傷痕。曾經有跳樓者，頭顱中途被割下，身首異處，警員要四處尋找他的頭。據説最先找到頭顱的警員是第一次執勤，他不知道該如何處理，只好戴上手套捧住頭顱，與死者身體「會合」，最後他整天也吃不下東西。法醫再檢查黃婆婆的內臟，證實她沒有其他可疑的徵狀或傷痕，所以斷定黃婆婆不是被人推下樓，而是自殺的。估計黃婆婆墮樓時，剛巧撞正李婆婆的頭部，致令二人頭部同樣嚴重受創而死。

　　李婆婆本是一個艱辛過活的長者，所住的地方也只是一個床位，她每晚睡覺前，要將床上的雜物移往別處才能睡覺。可是她從沒想過放棄自己的生命，想不到會如此遭殃。至於銀姑，她本來健健康康地與兒子一起生活，輪米也是為兒求福，想不到會因此斷了一條腿，從此可能成了兒子的負擔，真是人算不如天算。

　　香港現代化後，跳樓一直是自殺者的首選方式，因

為香港無論住宅或商業樓宇也很高。一些衝動或失去理
智的人以為只要跑上天台，鼓足勇氣一躍，便解決了所
有問題，所需的準備時間不多。可是自殺者隨時會死不
了，但被他壓着的途人卻無端送命，因為被壓者會替躍
下的人卸去部分的衝力。

CHAPTER 6

群情洶湧

很多時不同立場、不同種族或不同政見的群眾對壘，有部分參與者受到周遭人群澎湃情緒的煽動，由本來僅是為爭取自身利益，到最後演變成對一些無辜的「非我族類」進行無意識的傷害，讓一幕幕的慘劇一再上演。香港審訊時間最長、最多被告及最多人死亡的縱火謀殺案，也是由群族意識所引起。

生死時刻

步入鬼門關

　　莫幫辦、陸探員、阿安與阿旭四人坐在囚車內，各人均身心俱疲，雙眼發直，沉默地望向街外。囚車內難得地一片寧靜，與路上熙來攘往的行人形成強烈對比。大家為了生活，並未因罷工而躲在家中，馬路上的行車也跟平日無異。車外繁囂的景象雖未為各人牽引出一絲的反應，但各人心中那團火卻從未有熄滅過。莫幫辦和陸探員為了對付暴徒，連月來進行了無數的拘捕行動、調查和協助檢控的工作，又接到上司的指示，不能對疑犯濫用私刑，幹得已心中發火，幾近爆發。阿安和阿旭為了建立理想的社會，火熊熊的心無法熄滅，即使這次要入獄，也是為革命犧牲而「光榮入獄」。

　　四人來到裁判署外，阿安與阿旭被扣在一起，下車後被帶往署內的拘留所。阿安與阿旭也是第一次來到這種地方，鐵閘在身後關上的刺耳金屬聲，令兩人不自覺地打了一個寒顫。經過一條昏暗的長廊，又是一道鐵閘，那刺耳的關閘聲音依然令人不寒而慄，他們堅定的

愛國心卻絲毫未被動搖。到了廊道的盡頭，他們終於見到拘留所內的三位警務人員。三位警員聽到鐵閘聲，齊轉頭望向四人。警員站在陽光耀眼的鐵窗前，阿安與阿旭只能看見三人的剪影。阿安與阿旭沒有避開陽光，堅定地望着三人。莫幫辦與陸探員將他們交給三位警員，辦妥手續後便趕緊離開，離開時又是那令人不安的關閘聲……

鐵窗為伴

　　張警目、陳警員與張警員被扣上手銬來到一個熟悉的環境。妻子在庭上呼喊哭泣的聲音闖進張警目的腦海，念及家中待哺的四名小孩、未見過一面的幼子和多次自殺不遂的母親，張警目的心戚然。妻子的哭鬧，猶如父親二十年前被日軍殺死，母親擁着他和幼妹徬徨無助的一幕。

　　隆隆的開閘聲，驅不走盤旋在陳警員耳邊「還我丈夫」的聲音，他知道他害苦了新婚妻子，還有仍躺在醫院的兒子。聽說因妻子憂鬱過度，使腹中兒子出生時後頸生了個大氣泡。加上妻子為他疲於奔走，無暇照顧剛下地的孩子，令孩子生了大病。

　　年老母親一雙淚眼不停地浮現在張警員眼前，想起母親獨力將他這個遺腹子帶大，不知流了多少汗

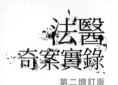

水,可是他卻以她的淚水報答她。忽然三人的魂魄被
趕回現實,是那冷冰冰的關閘聲……

死亡前奏

阿旭感到暈眩,於是靠牆蹲下來,阿安也同時蹲
下。警員找來阿庭與阿麥,分別扶起阿安與阿旭,從拘
留所那層的樓梯走到樓上的法庭,然後在法庭門口坐下。

阿旭首先被帶到法庭,他是在片廠工作的,因恐
嚇工友,要他們一起參加罷工而被捕。阿旭被帶到犯人
欄內,雙手抵住犯人欄的欄杆。好不容易捱過簡短的審
訊,才被扶出庭外。接着是阿安,他是阿旭的片廠工友
兼好友,負責雕花木工的,他堅持要陪阿旭往警署,最
後卻因他身上被搜出有煽動性標語而被捕。他出庭時的
情況也相近,只是比阿旭更面青唇白,而且步出犯人欄
時,還捧住腹部,要庭警扶着他始能離庭。

無情宣判

張警目全身劇震顫抖,砰的一聲身體不由自主地
撞向犯人檻的鐵欄,在旁的陳警員立刻把他扶住,並
替張警目除下眼鏡。當陳警員聞判自己與張警員入獄
六年,雖仍強裝鎮定,還是掩蓋不了他們那難看的臉
容。隨即旁聽席上淒屬的哭聲、呼天搶地的叫喊聲紛

紛傳遍整個法庭，相比三位警員的沉默表現，他們的女家眷更無法接受法庭的裁判。是因為她們要面對的現實更沉重，還是三位警員對判決早已心裡有數呢？

　　三位警員就在喧嚷聲中步出犯人欄，步出法庭。兩位辯護律師對幾經雄辯仍無法拯救三位警務人員，深感無奈，只能目送他們離去，但他們知道三位警員仍有機會擺脫他們的厄運，因為他們尚有至少兩次的上訴機會。

初級偵訊「揭幕戰」

　　張警目的辯護律師梅律師相信在社會局勢尚未明朗的情況下，此案審訊的結果會影響警隊以至政府的公信力，對審訊構成一定的壓力。因為若三位警員罪名成立，會嚴重打擊警隊士氣，工作壓力已達至極點的警隊，不滿的情緒一觸即發。另一方面，若三位警員罪名不成立，已逐漸平息的炸彈恐怖活動便有藉口死灰復燃。梅律師恐防審訊會受不公平的對待，於是初級偵訊一開始，便申請內庭審訊。法官當然亦深明此理，故拒絕梅律師內庭審訊的申請。

死亡終結

　　法官有見阿旭和阿安在庭上不尋常的表現，下令將二人送往醫院醫治。抵院一小時半後，即五時四十五

分，阿安終告不治，而阿旭亦留醫了九天才出院。

解剖台上

阿安的妻子與家人不肯前往殮房認屍，最後由莫幫辦負責認屍。彭醫官負責替阿安解剖，他先檢查阿安身體的表面傷痕，發現阿安身上有新舊兩種瘀痕。一種是呈紅色的新瘀傷，共十一處，主要集中於胸腹和背部；另一些則是紫色或黑色的瘀傷，共十三處，遍佈胸腹和雙手。舊的瘀痕估計是阿安死前一至兩日內造成，而新的瘀傷則估計是阿安死前四小時內所造成。

彭醫官輕按阿安的胸部，發現有部分肋骨折斷，而肋骨受損之處則留有鞋踭的踭印和木器所造成的瘀痕，踭印與警方提供的警目或警員所穿的皮靴鞋踭形狀吻合。彭醫官解剖後，證明阿安十二條肋骨中有九條折斷，連胸骨也被打斷，即整個胸部被毆至幾近塌陷。彭醫官解剖阿安時，發現右心室壁也有瘀傷，但心臟的功能應沒有受到影響。肺部亦沒有因胸骨和肋骨折斷而被刺穿或受傷，但阿安的腹腔內卻發現大量積血和血塊，右腎更被打至幾近一分為二，應是由於受到劇烈震盪或毆打所致。彭醫官斷定阿安的死因是右腎破裂，引致大量內出血致死。

當天的報章沒有廣泛報道此案，因為左派發動大罷

工、警方的大搜捕行動仍然持續，警察涉嫌將疑犯活活
打死相對是件較輕微的案件。直至對當日負責看守扣留
所的張警目、陳警員和張警員進行初級偵訊，案件才引
起公眾關注。

初級偵訊

　　阿安的死明顯是由於受別人毆打至嚴重內出血
所致，這是鐵一般的事實。其中以鞋踭的踭印最能證
明曾有警務人員參與毆打，問題是三名被告是否便是
毆打阿安致死的警員？相信最清楚此事的人除了施暴
者，便是阿旭。

　　阿旭本是指證毆打者的最有力證人，可是亦是他
令整件案件更神秘。起先他不肯宣誓，因他上次上
庭宣誓後，被法官說他撒謊，所以不願再宣誓。他這
種說法相信是有點賭氣，也有點挑戰法官的意味，但
最後他經法官一再勸說後也勉強宣了誓。

　　阿旭宣了誓並不代表他會合作地作供，當控方律
師盤問他時，他表示於羈留期間，警方只提供了兩個
麵包讓他充飢，由於沒有給他水，阿旭吞不下那兩個
麵包，引致他被送到裁判署時，他已餓至不大清醒，
處於暈眩狀態，所以對當日在裁判署內發生了什麼
事，印象非常模糊，最奇怪的是他竟連阿安死後的照

片也認不出。控方因此失去了有力的證人，於是請出
另一名目睹三位警員打人的目擊證人阿昌作證。阿昌
亦因傷入了醫院，所以初級偵訊一直延至兩個多月後
才完成。由於表面證供成立，後來此案被轉介至高院。

高院審訊

高院開審此案，三位警員聘請的兩位辯護律師以誰
毆打阿安作為重點，因為阿安由被捕至送院急救的過程
中，曾被數個警方的部門監管過，而拘捕阿安時，阿安
沒有反抗，警方是沒有使用過暴力，阿安進入警署時，
他的健康狀況是正常的。

最先接觸阿安的是莫幫辦和陸警員，兩人也曾與阿
安單獨共處過，而陸警員更與阿安共處超過一小時。二
人盤問完阿安後，阿安被帶至羈留所。在羈留所期間，
阿安曾因腹痛和肚瀉被送往醫院，當時是被診斷為胃
炎，並沒有腎臟破裂的病徵，但根據有經驗的醫官提供
資料，腎臟受傷後亦可以在三天內也沒有任何病徵的，
除非腎臟破裂引致大量出血，才有較明顯的臨床病徵。
同時阿安的胸部和左手肘亦被驗出曾受傷，但這只是
十三處舊瘀痕中的其中兩處。那麼其餘的十一處舊瘀傷
是如何造成？這點控辯雙方並沒有深究，而除了庭警，
所有作證的警員均稱他們見到阿安和阿旭時，他們均沒
有異樣，健康正常。

　　阿安最後才被送往裁判署的扣留所，被張警目等三人監管。犯人阿昌說親眼目睹三位警員打阿安和阿旭，但又無法證明打人的便是他們三人。引起控辯雙方最關注的是新的傷痕是在哪個時間造成的，據彭醫官的臨床經驗，根據新瘀傷的顏色、腎臟破裂後的癒合情況、鄰近胃部的出血受傷情況和膀胱尿液沒有帶血等綜合情況，推斷阿安的腎臟破裂是他死前四小時內造成，即阿安在裁判署扣留所被監管的時間，亦即阿安被三個被告監管期間造成。腎臟破裂引致大量內出血，亦可從內臟顯得蒼白而證明。

　　可是腎臟破裂除了可由毆打做成，也可以由看不到表面傷痕的震盪或跌倒所引致。所以即使可證明阿安是在三名被告監管下受傷，也不能完全肯定阿安是被三人毆傷致死。除了腎臟破裂的成因，阿安受致命傷的時間亦成為入罪三位被告的關鍵。若阿安受傷時間是死亡前超過四小時，即下午一時四十五分，他的傷便不是在三位被告監管時所造成，三名被告便不需為阿安的死負上任何的法律責任。

　　辯方證人外科專家王教授提出了與彭醫官不同的觀點，推翻了「四小時」的重要判斷。首先是死者膀胱沒有血的論點，沒有血有可能是由於腎臟受損喪失功能，或腎臟與膀胱之間的管道受阻而造成，不一定是由於受傷時間短，令腎臟積血沒有流至膀胱，更何況彭醫官並沒

有用顯微鏡檢查過尿液內有沒有紅血球。

另一個反駁點是彭醫官認為胃部的傷是新造成的，於是假設致命腎傷與胃部的傷是同時發生，所以死者腎臟的傷亦是新造成的，但實際上並沒有足夠的理據證明上述的假設。最後彭醫官以阿安身上新的瘀傷顏色和腎臟的癒合程度來推斷受傷時間，也被辯方以各人身體機能有異而癒合速度不一為由，不能以一般的狀況來推測阿安的傷癒情況，來估計他腎臟受傷時間。綜合以上疑點，王教授估計阿安的傷是在他死前八至十二小時造成的。彭醫官並不完全同意王教授的估計，但修正了阿安受致命傷的時間，推前了半個至一小時，即死前四個半至五小時，亦即阿安還未到達裁判署前已受腎傷。

審判日

法官向陪審團解釋，若陪審團完全同意阿安的傷是由三名被告中其中一人的擊打所造成，則三名被告的「謀殺罪」便成立；相信阿安的傷是由三名被告中其中一人的擊打所造成，但其原意只是毆打，並無意置阿安於死時，則三名被告便屬犯了「誤殺罪」；若兩者都不能令陪審團完全同意，則三名被告便屬「無罪」。

最後陪審團以五比二的結果，裁定三名被告誤殺罪成。這個判決向當時處理動亂的警務人員響起了警號，

令部分執法者用以暴易暴的方式鎮壓暴徒引以為鑑。可是另一方面卻在此非常時期，打擊了當時的警隊士氣。三名被告不服判決，決定上訴。

約一年後，合議庭接納控方證據不足以入罪，三人上訴成功，無罪釋放，這判決令三名被告得以脫罪，卻沒有人再替阿安向其他警務人員追究責任。

死亡或受致命傷的時間很多時是法庭上討論的重點，尤其當受害人受傷後一段時間才死亡，而從受傷到死亡期間又會發生不少影響死者傷勢的事情，那時法醫評估死亡或受傷時間便需要很多證據支持。因為同樣的傷勢、屍體上的發現是可以有很多不同版本的演繹和推斷。

火紅年代

　　收音機中凄楚的哀樂聲響徹全城，忐忑的聽眾沒有選擇關掉收音機，也沒有想過要轉台，整天的節目除了《時事述錄》和《欲罷不能》，就只有哀樂，為的是哀悼四位被暴徒無辜殺害的市民。

一九六七年五月上旬

　　新蒲崗香港人造花廠發生勞資糾紛，警方介入維持秩序，雙方發生衝突，但立場不同的報章報道是次事件的情況有不同説法，雙方也分別引起立場不同的市民支持。至於有多少參與衝突的人是基於群眾澎湃的情緒，而並非為爭取自身應得的權益而參與事件，則不得而知。但在某程度上，很多基層市民是在宣洩他們被壓榨和對現實不滿的情緒。

　　從此引起了一連串左派稱為「抗爭」的運動，警方則稱之為「騷動」的事件。事件中有不少人受傷，甚至死亡，當中包括工人、警員等，也有無辜的市民。市面因罷工、罷市，引起了混亂，也影響了不少市民的生活。

在多種原因下，六月底罷工逐漸平息，左派發起的大罷工和大罷市沒有預期的效果，《欲罷不能》的電台節目名稱亦由此而起。

七月中

「轟！」第一道土製炸彈聲響起，爆炸發生在新界戲院街大埔鄉事委員會門前，幸好沒人因此受傷。

此後被認為是左派人士放置的真假炸彈紛紛出現於港九各處，但「放彈容易拆彈難」，工作量已達至頂點的警員與拆彈專家疲於奔命，處理真假「菠蘿」，市民也人心惶惶。

八月中

一間左派學校被搜查後，一名父親基於安全理由，叫就讀該校的子女們暫時不要上學。孩子無聊在家，阻礙着在家做家務的母親，於是由祖母帶孩子們到附近的街上玩耍。八歲的長姊帶着六歲和三歲的弟弟，走到一條小巷玩耍。那裡只有兩間學校和一間教堂，平日很少人行經那條小巷，只有星期天上教堂的人間中路過，但大多數的教徒也會選擇大街的出口，所以有附近的居民會將汽車停泊在那小巷內。

六歲的弟弟因為頑皮，時常不知躲到哪裡去，媽媽叫他也不回家，最後由剛下班的爸爸把他「捉」了回家。姐姐和幼弟沒有隨父親回家，繼續在街上玩耍，走到小巷盡頭的一間左派學校附近，看見一輛汽車停泊一旁，在車前有一個鐵罐，便拾起鐵罐來玩，姐姐一拿起鐵罐便⋯⋯

「轟！」兩姊弟的父親聽到一陣驚心動魄的爆炸聲後，立刻四處尋找子女。在小巷的巷尾他看到一群人正圍着看熱鬧，他立刻走上前看個究竟，即見長女浴血於車頭玻璃碎片中，不問而知她已被當場炸死，死狀恐怖。躺在她不遠處的幼弟尚有一絲氣息，但也眼見不能活，慈父盡最後努力，先跑回家報警，然後抱着幼子跑下山，遇上一輛警車，父親立即告訴警員尚有一名傷者。趕到現場的母親看見長女的屍體，呆在當場哭泣，只能目送警員將長女抱下山，等候救護車送往醫院。雖然救護車以最短的時間將兩姐弟送入醫院，可惜抵達醫院後二人均證實不治。最難過的是負責看管兩姐弟的祖母，痛失孫兒孫女令她深感內疚之餘，也掀起她三十多年前，丈夫被日軍炸死的慘痛回憶。

到場協助的警員目睹這殘酷情景也為之瞠目，但他們的工作便是在現場儘量撿回死者的身體部分，如手指等，以及炸彈碎片。撿拾死者身體部分一來可讓死者有一個較完整的屍體，使她得到應有的尊嚴，同時也讓在

生之親人心理上好過一點；二來也可能協助到瞭解事發的經過。而撿拾炸彈碎片則希望瞭解炸彈的類型，藉以知道製彈者的背景，甚或動機，這或許可把兇徒緝捕。

　　法醫接觸到兩姐弟的身軀已破爛不堪，而且死因明顯，所以法醫並沒有替二人進行解剖。姐姐的傷較嚴重，頭臉焦黑，右手手掌焦爛缺失，左手多處割傷和骨折，肚皮已被炸開，露出內臟，內臟大部分也被割破，部分胃部甚至不見了，傷口圍着黑邊。她的下半身亦嚴重受傷，左盤骨骨折，雙腳被割傷至露出肌肉，但背部並沒有受傷。法醫亦從身體不同部分找到大量金屬碎片。從她身體的損傷程度和分佈來估計，她是右手拿鐵罐至胸前時炸彈爆炸的。

　　炸彈對身體造成嚴重損毀致死，是由多個原因綜合而造成，以這個小孩為例，是由於炸藥形成氣壓急降，令她體內的氣壓突然高出體外的氣壓很多，她的身體組織受不了壓力而被炸開。情形就像氫氣球不斷向氣壓逐漸降低的天空上升，直至氣球內的壓力高至氣球的皮承受不了而爆破，只是炸彈所造成的氣壓變動是一瞬間的事情。姐姐的內臟便是在短短幾秒內被炸開的。氣壓變動同時亦會形成一股氣流，將被炸者彈開。被彈開有時會卸去部分的壓力，但同時卻可能會令傷者跌下時嚴重受傷，這要視乎炸彈的殺傷力、傷者與炸彈的距離，還有傷者跌下時跌在什麼地方，減低抑或加重傷勢便全憑

他們的運氣。除了氣壓改變會造成嚴重受傷，火藥燃燒造成的高溫，也是炸彈致命的另一種常見原因，像這個不幸的小孩的部分右手便被燒至完全消失。最後她被證實是死於腹部被炸開和內臟多處受傷。

弟弟屍體的情況雖較姐姐好一點，雙手前臂焦黑和有多處的被割傷口，面部被炸至瘀黑，前額、面部和上胸有多處被割傷的傷口，其中胸部穿了幾個洞，下唇亦被割開，傷口和口鼻流出的血漬仍清晰可見，背部卻沒有受傷。從傷勢估計他可能是姐姐拾起炸彈時，剛好站在旁觀看。

有報章稱案發現場並無任何政府建築物或任何政治性目標，只是警方人員經常巡邏的地方，但同時也是小童常到之玩樂處。那炸彈成為了市民的警號，市民開始意識到橫禍可能會隨時降臨，家長們也開始嚴加看管兒女，指導他們避開任何可疑物品，見到可疑物品，不要觸碰，也不理真偽均致電報警，而立法局議員也籲請政府將放置炸彈者處死刑。

傷及無辜的小孩，影響了左派人士的形象，盡失民心。但有些人已到達失控的程度，他們激進的行為沒有因誤殺無辜者而退減。

四天後

　　主持諷刺左派電台節目《欲罷不能》的播音員自工運後已收到多封暴徒的恐嚇信，但他仍繼續主持他這個極受歡迎的節目，也沒有因此而收斂在節目中對左派的不滿言論。

　　這天他和共住兼共事的同鄉錄音控管員駕車上班，途中駛至一處修理地底水喉的地方，該處泥土翻起，並停放了一個寫有「危險」的木架。此時一名手持紅綠旗各一枝的工人走出來，舉起紅旗示意他們停車，並大叫：「前面爆石。」電台主持於是煞車退後，但此時車的背後已停了一輛大房車，車內跳下三名大漢，其中兩人拿起兩桶電油向電台主持的車潑去，然後剩下的一人向車的前座投擲電油彈，「轟！」，一聲巨響，汽車登時冒火，二人走避不及被困車內，汽車亦失控，直撞上行人路才停下來。四名暴徒隨即丟下紅旗，坐車逃去。

　　最後錄音控管員打開了一邊車門逃出，在地上打滾，希望能將火弄熄，但可惜未能如願，後來附近一位目擊事件的看更找來一個滅火筒，替他將火撲熄。節目主持始終無法走出車，儼如火人般被困車內，最後由趕往現場的鄰居將他從車內拉出，再將火弄熄。當時他說了一句話：「左仔要害死我！」之後便不省人事。仍是穿着睡衣的節目主持妻子，從家中奔往現場，看見丈夫已

全身燒焦，她顫抖地站在現場，久久也不能接受自己所見的情景。

二人被送往醫院接受治療，治療期間有過百聽眾聚集在病房外，二人也曾一度醒來，可是最後仍難敵命運的安排，二人分別於兩天和十天後撒手塵寰。

兩位電台員工跟被炸死的兩姊弟傷勢不同，他們不是受炸彈炸斃，而是被電油彈引起的火燒死的。所以他們的身體並沒有被炸破，但被嚴重燒傷。被燒跟被炸不同，將人活生生燒死的情況，較因被燒後由其他原因致命的情況罕見。有些情況是由於身體突然被火燒，令全身的神經突然受到刺激，引起神經源性休克（neurogenic shock）而死亡。

另一種情況是由於燃燒引起的高溫熱氣，令呼吸道被燒傷，以致呼吸困難而死。這與一般火警，被困者吸入過量燃燒不同物件時產生的一氧化碳或毒氣略為不同。還有一個令被燒傷者致命的原因，便是由於身體被燒後，會造成體內的水分、血液和蛋白質大量流失，令傷者無法維持生命而死亡。此外，被燒傷者因皮膚被燒傷，令身體的表面保護層失去功效，對空氣中病菌的抵抗力降低，因而引起併發症，也會令傷者死亡。以上的多種致命原因，隨時會在同一傷者的身體內發生。至於傷者能活多久，除了視乎他的燒傷程度和治理的條件

外，也極需要靠傷者的意志。因為嚴重的表面燒傷是要經過一個極痛苦的長時間治療，隨時要進行多次不同種類的矯形手術，並非每個傷者也能熬過這一關。

為避免觸發另一次慘劇，二人出殯日期一直保密，只低調處理。節目主持的妻子更於殯禮後，立即攜同三名不足六歲的女兒離開香港這個傷心地。電台更承諾經濟上支持母女四人日後的生活和教育費用。

八月下旬

縱然暴徒的惡行引起公憤，但他們並沒有因此而醒覺，市面仍不斷出現真假炸彈。一名陸軍軍火專家接到命令前往一個山頭，發現一包被煽動性字句和紅旗包圍着的可疑物。當他進行引爆時，可疑物爆炸，他因走避不及，不慎被殃及，即時被拋至二百呎外的山坡下，身受重傷。由於山路崎嶇，軍方立刻安排醫生坐直升機到現場搶救，但軍火專家還是傷重不治。殉職的軍火專家年僅二十六歲，調來香港不足三週，為的是進行拆彈的工作，想不到會因此殉職，遺下年輕妻子和一名仍在襁褓中的兒子，實在是始料不及。

軍方應這位專家妻子的要求，他的個人資料和死因受到保密，所以報章上沒有詳盡的報道。其實騷亂期間拆彈工作的密度，是警方和拆彈專家也估計不到的。單

是案發當天，港九便發現共十六枚真假炸彈，全由軍火專家負責拆除。如此頻密的拆彈工作，隨時會因偶一不慎而發生這種慘劇，這實在是在所難免。

九月上旬

炸彈事件沒有因為種種慘劇而停下來，反而炸彈的爆炸力愈見增強。在一間消防局附近，一名消防員正在一樓當值。在這個難得的平靜晚上，他走到房間的陽台看街景，他見一輛黑色的私家車駛至消防局對面的一個電車月台前停下，往來的電車把消防員的視線遮擋了。電車駛走後，他看到一名男子上了那輛私家車，然後又一輛電車將他的視線阻擋着。當第二輛電車駛走後，那輛私家車和那男子已不知所終，但電車月台上卻多了一個鞋盒，盒上有一張白紙，紙上寫着「同胞勿近」四個紅色字。他意識到那是一枚炸彈，立刻按下身邊的警號。

那間消防局的區長和一位住在消防局內三樓宿舍的副區長聽到警號，立刻吩咐守門護衛通知警方，然後帶領幾位當值消防員跑到電車月台附近，封鎖現場、指揮交通和控制場面。數分鐘後，一批警務人員接報趕到現場，消防區長便將現場交給警方處理，然後撤回消防局內。警方在月台找到那個可疑的鞋盒，負責的督察衡量過當時的情況，便向消防局借了一條長繩，打算先以那條長繩綁起鞋盒，然後再拉動鞋盒。若盒內藏的是假彈

是不會爆炸，節省了調查的時間。若是真彈，這麼長的繩，是有足夠的距離避開炸彈造成的傷害。

那位督察先請一位警員持着繩子的一端，自己則拿着繩的另一端走到鞋盒面前，將繩子打了一個大圈，然後套在盒上。他成功地把繩子套在盒上，便退後幾步拉動繩子，綁緊鞋盒，想不到卻因此觸動鞋盒，炸彈隨即爆炸，發出轟然巨響。難料的是這個貨真價實的炸彈材料十足，是爆石用的硝酸甘油炸藥，炸彈的威力超越了這個所謂的「安全距離」，令處理炸彈的兩名警務人員當場重傷倒地。

更想不到的是這炸彈竟波及車站對面的整幢消防局，消防局的玻璃窗大部分也被震碎，有四名消防員和七名路人受傷。當時在三樓的消防宿舍內，正倚窗觀看處理炸彈情況的消防局副區長和其站在旁的妻子，走避不及，副局長被炸彈的碎片直插進頭顱內，他妻子看到倒地的丈夫，才意識到自己的左手也穿了一個大洞，立刻暈倒。同住的副區長岳母，走入房間看見倒臥於血泊中的女兒和女婿，嚇得四處找消防員幫忙，可是副區長送院途中斃命，其妻也重傷住院十多天。

彭醫官替副區長進行解剖，他的前額和相同位置的顱骨有一個洞，根據顱骨和腦部的受傷情形，彭醫官找到一塊金屬碎片，那塊金屬碎片令副區長腦部受傷，

而身上和內臟並沒有其他可疑或致命的傷痕，彭醫官因此斷定副區長是因爆炸物碎片貫穿顱骨，令腦部受傷而死。爆炸品的殺傷力，除了本文前述的氣壓急變和高溫燒傷等致命因素外，爆炸時會引起周遭物件高速四飛，增強了爆炸造成的殺傷力和擴大了波及的範圍。爆炸物爆炸時，其金屬外殼或環境周圍的金屬物或硬物變成碎片，再加上爆炸時的氣壓變動，令碎片高速飛出，便會造成傷亡。有些人自製炸彈時，更會放入鐵釘等具殺傷性的金屬物件，來加強它的殺傷效力。

炸彈聲一直持續至十二月底才告平息，然而大部分殺人的真兇至今仍尚未伏法。由第一聲炸彈響起至最後一聲，警方共接到超過九千次的報告，其中約一千五百個是真炸彈。炸彈共奪去十五人的性命，令三百多人受傷。炸彈聲見證了一個失去理智的火紅年代。

人間煉獄

這是羊年的最後一夜，對中國人來説，慶祝農曆新年是一件非常重要的事情，家家戶戶正為迎接新年而忙碌，有人逛花市趁熱鬧，亦有習俗除夕徹夜不眠，為雙親守歲，更多的是為了讓市民歡度除夕而工作的人，當值法醫馬醫生便是其中一員。

雖然馬醫生當值，但沒有突發案件發生，馬醫生是可以自由活動的，所以這夜馬醫生跟其他市民一樣，準備慶祝猴年來臨，貼揮春，預備全盒，還高高興興地跟家人計劃明天的拜年「行程」，但傳呼機一響擾亂了他的計劃，令這個原本平靜的夜變得不平凡，揭開了他參與偵查香港一宗最大命案工作的序幕。

馬醫生與一名隸屬法醫科的當值警員會合，這位警員主要是協助法醫處理一些警務工作。馬醫生一面駕車，身旁的傳呼機不停地響，而且每次估計的死亡人數不斷上升，馬醫生已心知不妙，甚是焦急。出事的地點位置偏僻，馬醫生對該處的行車路線又不熟悉，愈是焦急愈是出錯，馬醫生駛錯了方向，傳呼機響聲並沒有因

此停下來，傳呼機的訊號顯示估計死亡人數已達十七、八人。當時手提電話仍未流行，馬醫生只有駛經油站時才能覆機，告訴警方他已在途中，其實當時警方仍未能控制現場。

這場災劫要從一九七五年說起，北越統一越南後，迫害在越南的華僑，大批難民外逃，一船一船的難民駛至本港，因為香港是他們駛往西方國家的「補給站」。一九七九年香港成為「第一收容港」，阻截難民湧往西方國家，但十多年後，協助收容難民的國家卻愈趨冷淡，大批難民滯留本港。高峰期，有超過六萬名難民和船民滯港。八十年代政府為阻嚇難民來港，開設「禁閉式難民營」，由懲教署管轄。從此所有滯留本港的難民船民，便失去自由。

九十年代來港的越南人，大部分不再是受政治迫害的難民，而是或因經濟問題，或因想經港移居西方的越南人，因此不再稱他們為難民，而改稱船民。九十年代初中英政府為回歸作準備，開始向越南政府施壓，要越南政府收回本港遣返的船民，並取得初步的成功，有部分船民知道往西方國家無望，於是紛紛參加了港府推行的自願遣返計劃。這次不幸事件偏偏發生在等候自願遣返的禁閉式船民中心內。

一九九二年二月三日傍晚六時，石崗船民中心C營

1號倉門掛了一副對聯「和藹一家增百福，平安二字值千金」。此營的船民大都經歷過戰爭，與大海搏鬥過，這對聯表明了他們的素願。為慶祝重返家鄉前在港的最後一個新年，有船民取出在船民中心非法釀製的酒，那些酒是平日省下食物所釀製的；亦有些不好杯中物的船民則準備泡菜過年。在C營6倉外，有三個熱水爐為船民提供熱水，在寒冬裡，尤其在這個大節慶，熱水十分受「歡迎」，但人多爐少，平常間會因小事而大動肝火的船民，在互不相讓的情況下，C營1、2倉的南越船民與5、6倉的北越船民又藉機發生爭執。瞬間，C營約三十名船民手持自製武器聚集在營外準備打鬥，剛巧給巡邏的懲教署職員發現，便立刻將兩幫人分開，兩名船民因此受傷送院。營內的警員於是將營內的人安置在營外的空地，然後搜查C營，搜出大批的自製武器，大部分屬北越船民所有，情況亦隨着警員離開，恍似安靜下來。

到了晚上約十一時，6倉內大部分的小孩子已安睡，婦女們則按傳統拜祖先，為家人祈福，渴望來年一家平安。然而C營外，又因很多算不清的新仇舊恨而發生打鬥；D營南越船民看見立刻聲援，約三百人胸中滿載忿恨，手持矛、木棒、鐵枝等自製的武器，衝破C營與D營約十七呎高的圍欄，闖入C營，與住在C營的船民再次發生衝突。這次聚集人數超過千人，在營當值的四十一名懲教署職員深知情況已失控，而警員身上亦只有警棍，惟有立即撤離C營，報警要求增援。

　　連維持秩序的人也離開，不想參與毆鬥的Ｃ營船民頃刻陷入困境，幾百名Ｃ營的婦孺驚慌地躲入Ｃ６營房內，門外的Ｄ營船民不停地拍打撞擊倉門，受驚的船民用不知從哪裡取來的鐵線，將自己反鎖在營內。

　　陷於瘋狂的南越船民並沒因未能打開倉門而罷手，無法洩憤的南越船民，於是將毛氈點火，從窗口和屋頂扔進營房，放滿雜物和易燃物的營房迅即起火。營房內的船民惟有向倉門和窗口逃出，但在十多扇窗外卻守候超過十名Ｃ營的南越船民，一看見有人逃出來，即使是孕婦、孩子等毫無反抗力的船民，也揮動手上的武器襲擊他們，有勇氣逃的或有一線生機，無法可逃的就只有瑟縮在營內，待祝融送他們一程。更可怖的是有人將一名船民放於沸水後毆打他，最後還綑起他，將他擲往正燒得像個熱燙鍋爐的營房內，令他無反抗的餘地，要活活地燒死他。

　　約十一時四十五分，二百多名機動部隊和二十三名衝鋒隊隊員接報到場，只見約二百名北越船民仍被南越船民圍在６倉內，由於情況難於控制，警方發出三十三枚催淚彈驅散襲擊者，打鬥漸漸平息。部分船民逃到Ｄ營匿藏，警察將仍在爭執的船民分隔，消防員立刻趕入Ｃ營救火。救護車不停在營內穿梭，鳴聲亦此起彼落，遠近不一。據報受傷的人超過一百人，大部分被送往屯門醫院。

　　馬醫生趕到現場時，C營船民被安排坐在營外的空地上，滿臉污垢神情頹喪，無意識地互相傷害過後，他們腦海內究竟想着什麼？他們殺害的是鄰家蹦蹦跳的小孩子，一個個熟悉的面孔，一起共同生活過的同鄉，來自同一片土地，一起抱着同一個希望的人！這時消防員亦已與火搏鬥了半小時，火勢幾近撲滅。雖然需要進入現場的工作人員已趕到，但仍需待消防員認為火場安全，才讓警方和有關人員進入現場。由於現場面積頗大，死者人數也頗多，所以等待的時候，有人建議將現場如處理空難現場那樣，劃區進行記錄，以便確認死者身份，但由於這樣處理所花的時間很長，而且因為這次受害人可在營內走避，劃區對辨認是次慘劇死者的身份沒有幫助，所以仍是如以往的做法，只記錄死者在現場的位置。

　　一場大火過後，營倉內沒有電，沒有燈，一片漆黑，馬醫生一行人拿着電筒進入火場，火的熱氣仍在，極目一望，倉內再不見有三層高的床，全都成了一堆堆廢鐵，還有些雜物被焚後的灰燼，混着救火時的水，有兩至三呎高，屋頂也被燒至彎彎曲曲，部分甚至已塌下來，工作人員在倉內巡視了一周，初部估計約有十七、八具屍體，大部分是婦孺，但由於當時已是清晨四時，而且火場環境太黑，不想草率行事，經多方商量，決定明早十時再往現場處理屍體和作詳細的記錄。

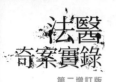

再次進入火場，光線已可從窗、門、屋頂透入，跟昨天晚上是完全兩樣的光景，最令人心酸的是看到一堆堆屍體靠攏在一起，瑟縮一角，有部分大人的屍體是緊抱着小孩的屍體，渴望小孩們能僥倖地逃過此劫，很可惜未能如願，也藉此想像到那天死者在高熱火場時的惶恐與無助。馬醫生與其他同事踏過雜物灰燼，跨過彎彎曲曲的「碌架床」支架，按序到達每具屍體的身旁，細心地記錄了每具屍體的位置，一邊拍照，一邊初步記錄屍體燒焦的情況和附近的雜物，希望有助辨認死者的身份，因為每位工作人員心裡也知道那些屍體已不適宜給死者家屬辨認，他們剩下的軀體確實談不上有「容貌」可睹，要家屬認屍只徒添傷心。

檢查和記錄過現場情況後，工作人員將一具具燒焦的屍體抬出，全部運往富山殮房，待進一步解剖，驗明死因。當全部現場工作完成後，已是下午五時，馬醫生通知上司王醫生有關的情況，知道有二十一具焦屍。由於農曆年假期累積的解剖個案，再加上這沒有預計的二十一具屍體，會令殮房冷藏屍體的地方難以應付，於是原定年初四才開始工作的殮房，所有工作人員也提早於年初三上班，而當時全港十四位法醫中的十位法醫，當天全都要在富山殮房進行解剖工作，集中處理該二十一具焦屍。

　　二月六日早上，消防員在清理雜物時，發現一具六歲男童屍體，使慘劇死亡人數增至二十二人。傳媒對消防員於兩天後才找到該具屍體，一片嘩然。同日當 C 6 營開放給傳媒採訪後，他們有機會進入現場，看見那及腰的雜物灰燼後，他們才明白救援人員在尋找屍體和清理現場時的困難。同一時間有十數名來自望后石難民營的越南人在營外等候，渴望知道在營內親友的安危，但石崗船民中心因暴亂事件仍未開放，所以他們只能失望離開，部分人忍不住掉下眼淚，亦有部分人向記者們詢問營內的情況。另外亦有報道指部分輕傷船民在屯門醫院內，沒有人替他們治理，但試想想突然在除夕夜有百多人入院，不用院方回應也可想像情況有多混亂。

　　當記者們在現場看得目瞪口呆的時候，馬醫生與其他法醫已在富山殮房進行驗屍的工作，由於屍體難於辨認，所以沒有接見死者家屬已開始解剖的工作。平常的解剖工作，無論是多複雜的謀殺案，也是由一名法醫解剖一具屍體，但因是次慘劇需要一天內進行超過二十宗解剖的工作，而且解剖的是焦屍，所以工作非常繁重，為加快工作進度之餘，又要避免工作出錯，所以兩名法醫一組，一個負責解剖觀察，一個負責記錄。

　　雖然過了三天才進行解剖，熟了的內臟腐壞的速度一般會較正常速度快，但由於屍體被焚燒過，表面燒焦

的部分有保護作用，再加上屍體被冷藏，腐壞的速度減慢，屍體腐壞情況未致太壞。是次火警的溫度相當高，很多屍體的頭髮和皮膚幾近消失，有些甚至燒至見骨，骨也開始變成灰，而且由於肌肉被燃燒過，肌肉會僵硬和收縮，收縮程度大的，甚至會引致骨折，死狀頗恐怖，但一想到無論火有多兇猛，那些父母死時仍護着小孩，立時感覺截然兩樣，沒有了恐懼，只看到人性最偉大的一面。

法醫是次解剖如以往一樣，朝兩個方向，一是找出死者的死因，二是確認死者的身份。死因方面，主要檢查死者被燒時是否在生，如死者是在生，死者的呼吸道是充滿現場燃燒雜物時的灰燼，這次所有死者也是被活活燒死的。除此以外，法醫也留意死者有沒有被刺傷或其他的傷口，以確定死者有否被襲擊過。

在確認死者身份方面，除基本個人資料（如男女、高度、體重等）外，法醫會特別留意死者有否進行過什麼手術、有沒有特別的紋身、身上有否鑲過鋼片，還會特別記下牙齒紀錄，如鑲牙、補牙或牙齒矯形等特徵。此外亦會抽取血液和肌肉樣本，進行化驗的工作，當時尚未流行 DNA 檢驗工作，但仍會在骨髓抽血檢驗死者的血型、一氧化碳含量和其他毒物的含量，以確定死因。十名法醫花了一天的時間，完成解剖二十二具屍體的工作，其中包括十名小童、一名孕婦，年紀最小的只有五

個月大。

二月七日，首九十二名男疑兇在屯門地方法院提堂，全被控暴亂罪，後更加控縱火、傷人和謀殺等罪。接連數天續有七十多人被捕，使被告的數目逾百，相信是一個沒有人願意發生的香港紀錄。大部分被告均正值壯年，有學者歸咎船民的派別、狹窄的居住環境、年輕船民移居外國無望的苦悶心情、管理營房人手不足，還有很多很多原因，但這種無意識的傷害，受害人並不是激鬥分子，而是一群不願參與其中的無辜婦孺，他們可有想過呢？

二月八日，辨認死者遇上困難，由於聯合國難民專員公署規定，為了保障船民的人權，船民入住船民中心時，並沒有指模紀錄，更沒有牙科紀錄，部分船民又可能一家人同時在是次慘劇中去世，又或死者親人不在本港，所以難於確認死者的身份，只能依靠部分失蹤者家屬提供的基本資料、死者的死時位置或身上的遺物，來確認死者身份。如現時遇上相同的情況，是可以從骨髓抽血驗 DNA，問題會簡單一點，但仍需要有死者親人的血液樣本，才能解決以上的問題。

最後，由兩位法醫根據船民中心提供的報稱失蹤者特徵，與屍體的特徵進行配對的工作，以確定各死者的身份。由於船民中心所提供的資料只有一些失蹤者入營

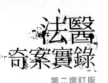

時的基本資料，部分失蹤者已入營數載，那些資料未必
與他死時的狀況吻合，因此配對的工作遇到一定困難，
法醫需要花一段頗長的時間來證實二十二人的身份。

二月九日及十五日，繼有兩名船民傷重不治，令慘
劇死亡人數增至二十四名死者。通常知道死因的傷者在
醫院內死亡，醫院內的醫生是可以簽發死亡證，那便不
用送往殮房解剖，但這兩名死者死因涉及刑事起訴，所
以同樣被送往富山殮房解剖，並與之前的二十二名死者
個案一併處理。最後，於暴亂中逝世的船民，由聯合國
專員公署統籌，將他們的骨灰埋葬，讓相擁者一同長埋
土地。

至於那百多名失去理性的船民，再有四十二名被控
騷動罪，當中有十三人被控以謀殺罪。由於案發當時情
況混亂，證人們又處於極度恐懼之中，所以未能指證全
部的被告，又或未能確定被告是否出於自衛，因此只有
十一名船民被裁定騷動罪成，他們大部分都是自己承認
自願參與是次騷亂，且也被多於一名證人辨認出來。部
分人因此得到他們應有的懲罰，而香港人卻因此需要花
上大量的金錢，單是堂費，保守估計超過三百萬，還有
證人費、律師費、翻譯費等尚未計算在內。審訊的時間
超過兩年，成為本港審訊時間最長、受害人最多和被告
最多的謀殺案。

　　這次慘劇之後，各個船民中心仍有零星的打鬥事件，但政府努力改善中心的居住條件，懲教署的工作人員亦加強防範，因此慘劇沒有再次發生。沒有資格留港的船民亦逐步被強迫遣返，有資格留港的難民亦一一融入社會。纏繞香港多年，花費香港人以億計金錢的難民問題，亦以回歸作為終結。

CHAPTER 7
疫情

當大部分市民安坐家中，收看電視新聞或閱讀報刊的疫情報道時，大量的醫護人員、清潔工人、記者、紀律部隊、政府工作人員、社工和義工等正冒着生命危險為我們服務，謹藉此機會衷心感謝他們。當中以醫護人員面對的危機最大，他們的故事最廣為人知和動人，而法醫在過程中又擔當了什麼角色呢？香港抗疫的機制又是如何建立的呢？

再見太平

炎熱的氣溫下，苦力們背上冒出的汗水已被照得閃閃發光，但仍努力地將一箱又一箱的貨物從碼頭搬上船上。不知不覺太陽也要下山，他們取過工資，便各自從岸邊往山上走，回到位於太平山區的家。

半山上伏着一排排依山而建的石屋，每幢石屋只有二至三層，屋內沒有窗、沒有乾淨的食水供應，也沒有去水的設施。阿洪走過一排石屋前，忽然一隻小貓在他腳跟跑過，把他嚇了一跳。當阿洪正在嘀咕之際，一名老婦拿着木棍追出來喊打。阿洪細看下，才發現那不是小貓，而是一隻大老鼠。這隻大老鼠令阿洪想起午飯時遇見廣州回來的朋友，他說廣州有一種不知名的疫病，染病者大多活不過來。看見這麼大的「過街老鼠」，阿洪心裡隱隱覺得不妥。

阿洪一直往前走，陣陣的豬糞味已撲面而來，他嗅到這股氣味，便知道離家不遠，因為地下房東家裡養了兩頭豬，豬的氣味是他那幢樓房特有的。阿洪家則在二樓，所以只養了數隻雞，氣味沒這麼濃烈。

　　阿洪入屋，向房東一家打個招呼後，便沿着屋旁的木樓梯上樓。揹着孩子的洪嫂聽到木梯發出的吱吱聲響，便急忙放下灶頭前的工作，從臉盆扭一把毛巾。阿洪到達樓梯口時，洪嫂已把濕毛巾遞到阿洪面前。阿洪接過毛巾，抹過臉，便坐在床上搖起家中唯一的葵扇，但仍難掩家中各種氣味。幸好，洪嫂廚藝不俗，食物的味道很快把阿洪吸引住。

　　吃飯時，阿洪告訴洪嫂關於廣州疫症的傳聞，吩咐她不要讓孩子四處亂跑或亂吃東西，因為當時霍亂也很猖獗。

　　過了幾天，阿洪感到十分疲累，屋子又很小，吃過飯後，便上床睡覺。跟平常一樣，睡至半夜，兩夫婦總被床上的木蝨叮，習慣了也就不管牠們。其實洪嫂也時常抹床，但木地板不能洗，一洗便漏水，樓下定必遭殃，所以洪嫂只在每次賣雞後，才用水抹抹地板。

　　翌日中午，強壯的阿洪開始覺得肌肉疼痛，心想該是工作過勞。之後，開始有點拉肚子。回到家時，阿洪感到極度疲累，立即躺在床上。洪嫂叫他吃飯時，發現他雙頰泛紅，輕按他額頭，發現他正發高燒，人也變得迷迷糊糊。洪嫂立刻扭了一把毛巾放在他額上。半夜，阿洪高燒仍未退，洪嫂有點慌張，只好往樓下找房東幫忙。房東立刻到附近的藥店找了一位老中醫來替阿洪把

脈，中醫開了藥方，洪嫂請房東太太幫忙到中醫的店鋪執藥回來。服了幾服藥，阿洪的病仍沒有起色，且日漸消瘦。

時為一八九四年五月。其實早在四月，國家醫院（Government Civil Hospital）的主管醫生詹姆斯・勞森醫生（Dr. James Lowson）已風聞廣州疫情，於是往國內調查，五月八日返港。次日在醫院內已發現有從廣州回港的員工染上相似徵狀的病，於是立刻上報。

兩天之內，像阿洪那樣一病不起的人已逾二十人，病歿者更多達四十人。有些病人被送進當時唯一的華人醫院——東華醫院，病者接受的是傳統中醫的治療方法。此時，勞森醫生獲知東華醫院已出現大量病徵相似的病人，便與其他西醫趕到該院查看情況。從觀察病者或死者的徵狀，一致認為這傳染病是鼠疫。香港瞬即宣佈為「疫埠」，禁止疫病者離港。

政府為免疫症蔓延，立即緊急頒佈防疫條例，開始實施強制醫院將病者個案上報的規定，並進行每家每戶搜查病患者和病歿者屍體的行動，搜出的病者須接受隔離，屍體則由政府作妥善處理，即用生石灰埋葬死者。由於當時華人抗拒接受西方的治療，而且傳統習俗是死也要死在家中，葬也要葬在家鄉或風水地，讓子孫盡孝拜祭，所以很多病人拒往醫院醫治，也拒絕交出死者的屍體。

阿洪為免被洋人軍隊或義工抓捕，洪嫂與房東們想了一個方法。由於阿洪病得不能下床，洪嫂在家中開了一枱麻將，請房東夫婦在軍隊到來前登樓。軍隊搜屋時，阿洪硬撐着與三人打麻將。可惜阿洪慘白的面容和枯萎的身軀，在軍人眼中一目了然。在洪嫂淒厲的呼喊聲中，阿洪被帶走，家中的雞也被追捕得咯咯大叫，義工們將阿洪全家的物品搬到屋外，一件不留地焚毁。洪嫂曾試圖衝前搶回一兩件日用品，但被軍人攔着。在熊熊的火光下，洪嫂雙腳發軟跪倒地上。這時房東一家也無暇理會洪嫂。義工們在二樓大清洗時，大量的水從地板縫隙中滴下來，一家人拼命搶救家中的物品。

一堆又一堆的火光在漆黑的天空下逐一熄滅，遠近淒厲的哭叫聲斷斷續續，呆對着一片焦炭的洪嫂對聲音全沒反應。房東太太此時從屋內拿着一碗飯走出來放在洪嫂的手中。在整個紛亂的過程中，孩子很乖，沒有哭，大家也沒有留意他。此時房東太太從洪嫂背上解下他，發現他滿身濕透，一臉通紅，探一探他的額，心情頓時下沉，但也不敢哼半聲。

天亮後，魂不附體的洪嫂揹着沉默的孩子嘗試到東華醫院找阿洪。可是在醫院內，只看到一排排不知死活的病人橫臥在地上，內裡充斥着尿糞和中藥的氣味。後來有人告訴洪嫂，有鼠疫病徵的病人全被送往堅尼地城，那裡有一幢由玻璃廠改成的玻璃醫院（Glassworks

Hospital），鼠疫病人就住在那裡，很容易找。在炎熱和缺水的情況下，洪嫂不顧一切，徒步走往堅尼地城。途中，她看見不少人橫臥街頭，有些身體已發脹，有些對身上擾攘的蒼蠅也毫無反抗能力。最後，沒找到丈夫之前，洪嫂背上的孩子也悄悄地離她而去。未幾，洪嫂忽然感到刺眼陽光強烈地照進瞳孔內，因為她也像那些人一樣橫臥街頭。

政府強制性地將疫病患者送往醫院隔離成為華洋衝突的導火線。後經雙方協商，政府始允許病人和親屬在監察下，返回國內。當時香港只有二十四萬人口，這一疫症卻造成了近十萬人逃離香港，也令物價上升三至五成，十室九空的現象隨處可見。醫院方面，亦允許疫病患者選擇接受中醫或西醫治療，但治療過程必須由西醫監察。六月中，外地的細菌學專家——日本的北里柴三郎和瑞士出生的法國科學家耶爾辛（Alexandre Yersin）先後到港，兩人從病人的血液和死者屍體的血液和細胞取得樣本，進行研究，找出致病的乃顯微鏡下才能看到的鼠疫桿菌（plague bacillus）。雖然北里柴三郎先找到病菌，但專家認為耶爾辛找到病菌的方法和結果更準確，因此病菌最後以他命名為耶爾辛氏菌（Yersinia pestis）。

是次鼠疫原本是雲南的地方性疫病（endemic），後來越過雲南，逐步向東和南中國蔓延，演變為流行病（epidemic）。傳到香港後，疫症持續了超過二十五年，這種「小」病菌造成二萬一千八百六十七人染病，當中二

萬零四百八十九人因病喪生，死亡率高達 93.7%，病歿者以中國人為主。據一八九四年年報指出，中國人的死亡率（82%）遠超外籍人士（18%）的主要原因是延誤醫治，中國人未到奄奄一息，也不肯進醫院。此外，鼠疫曾在歐洲爆發，歐洲人可能對此病有較高的免疫力，減低了死亡的風險。

是次鼠疫是香港開埠至今，死亡人數最多和死亡率最高的疫症，亦對日後香港衛生發展造成很大的影響。疫症發生後，政府和華人也開始關注公共衛生，於樓宇和街道加建供水和排污設施，興建更多水塘，以提供乾淨的食水，定期每年「洗太平地」（清洗樓宇）。為免鼠疫持續發生，一九〇四年政府出資收購太平山區的華人住所，進行清拆，部分地方改建為卜公花園（見圖 1 − 1 及 1 − 2）。另一部分則於一九〇六年建成細菌學檢驗所，為香港作防疫檢驗的工作，並投放更多的資源研發各種流行病的疫苗。該檢驗所的建築物現已被列為受保護的古蹟，並改為香港醫學博物館（見圖 2）。在醫院監管方面，政府的西醫開始監察以中醫為主的東華醫院（見圖 3）。在此之前，東華醫院有護衛隊長駐院內，以對抗政府人員進入醫院。

鼠疫疫情在香港減輕的同時，鄰近地區的疫情亦同時緩和，有人因此質疑政府對疫病患者實施的隔離政策。無論隔離是否有效防止疫症傳播，畢竟是次行動已將隔離作為抗疫政策訂下了先例，並一直沿用至今。雖

然當時並沒有現今法醫為不知名死因的死者進行解剖工作的法律，但鼠疫亦令華人逐漸接受解剖的需要。因為解剖可協助尋找疫症致病和致命的原因，從而找出醫治的方法，同時亦可證明死者的死因。若死者證實並非死於疫病，家中的物件便不用被強制焚毀，這樣就減輕了不少日後訂立解剖條例的反對聲音。

圖 1 - 1
卜公花園現貌。

圖 1 - 2
公園入口記載
一八九四年鼠
疫肆虐的牌匾。

圖 2

香港醫學博物館現貌。

圖 3

鼠疫爆發初期，東華醫院曾收容鼠疫病人，此為現貌。

非典疫情

　　第二次世界大戰結束後，聯合國（United Nations）成立，各國對衛生的關注，促成了一九四八年成立的世界衛生組織（World Health Organization, WHO）。當流行病由地區性爆發蔓延至更廣泛的地區，影響大部分區域內的人，而染病者的死亡率又高時，便變成大流行病（pandemic）。WHO 在對抗大流行病蔓延起了很大的作用。

　　比小病菌更小的病毒造成的流行性感冒（簡稱流感）是一種很普遍的流行病，會在不同地區季節性地出現。只要一個地方的流感不受控制，就很容易會演變成大流行病。人類流感病毒主要分為甲、乙和丙型三種。甲型最容易變種，乙型次之，丙型則較穩定。因為甲型最容易變種，慣常用的抗流感藥物或疫苗不一定起到作用，因此也較難對付，也是此類流感較容易演變為大流行病的原因。一九一八年的西班牙流感（Spanish flu, H1N1）、一九五七年的亞洲流感（Asian Flu, H2N2）、一九六八年的香港流感（Hong Kong Flu, H3N2）和一九九七年的禽流感（Avian Flu, H5N1）均為甲型流感。

流感病毒是由核心、基質蛋白和包膜三部分組成，其中入侵人體細胞和在體內散播病毒最關鍵的部分是包膜的血凝素（haemagglutinin, HA）和神經氨酸酶（neuraminidase, NA），它們就像兩條進入和離開人體細胞的鑰匙。血凝素有十六種，由 H1 至 H16，是病毒進入人體細胞的工具。病毒進入細胞後，利用細胞內的資源繁殖病毒，然後由神經氨酸酶（N1 至 N9，共九種）負責打開細胞膜，將病毒運出細胞。不同的流感型號稱為 HXNX，便是代表不同種類的血凝素和神經氨酸酶。大流行的流感死亡率高是因為流感變種後，可直接入侵人體的重要器官，如西班牙流感致命是因為病毒可直接入侵肺部，引起肺炎而致命。雖然一般流感的感染力高，不容易致命，但香港平均每年仍有約四百宗致命個案，大多是患者抵抗力弱，引起其他致命併發症如肺炎、腦炎、心肌炎等，因此普通的流感亦不能忽視。

二〇〇三年三月一日

老鼠在街道、家居、辦公室等地橫行。傳媒揭發疫情，造成政府部門的混亂，疫病病者陸續死亡。香港被宣佈為疫埠，機場、街道、工廠空無一人。疫病病者被隔離至一營房，疫病期間各人互見真情，醫護人員、義工們不顧自身安危，為疫病傾盡全力。

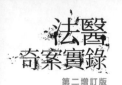

在昏暗的燈光下，一名女醫生戰戰兢兢地替一名病童注射血清⋯⋯

在晨光初露的一刻，醫生在病童床伴甦醒，發現疫苗奏效，孩子退了燒。孩子的姐姐歡天喜地地在營內邊跑邊叫，將喜訊公告各人。

全城慶祝，社會又回復正常。

電影院的燈光再現，在香港電影資料館放映的《昨天今天明天》(1970) 放映完畢。這齣戲開始時的字幕是這樣的：「本片之故事，全屬虛構，但卻可能在世界任何一個角落發生，尤其是——香港。」除了主角老鼠沒有「參演」外，想不到這齣三十多年前的影片竟然真的在現實中上演⋯⋯

劉教授知道自己患了肺病，也知道他的情況跟他曾診治過的一些病人相似，最重要的是他知道這種病是一種非典型的肺炎，醫治一般肺炎的藥物是不能治好這種肺炎的，而這種肺炎在他工作的醫院已傳播開去了。可是，他還是選擇到香港參加親戚的婚禮。途中，他沒有做足保護其他人的措施，一邊咳嗽，一邊乘公共汽車。到達香港後，入住酒店，四處逛街購物。最後病倒撐不下去，才往廣華醫院求醫，瞬即入院，幾天後終告不治，成為香港第一位患此病的死者。劉教授的病也傳染

給他的兩位家人和最少十六位酒店的住客，將病在香港和向新加坡、越南、加拿大等地散播，使此病變成一種新的大流行病。

　　由於劉教授死前曾告訴照顧他的醫護人員，他曾接觸過一些非典型肺炎的病人，醫護人員也不敢怠慢，做足防護措施。他病歿後，即使醫生想深入瞭解這種新的疫症，也不敢替他做全身解剖，只剖開了他的胸腔，發現他的肺部嚴重損毀，是肺炎的特徵，並抽取了他的肺部組織樣本作進一步研究。

　　雖然這病在醫院的醫護人員中造成一陣緊張，但並沒有造成極大的恐慌。直至威爾斯親王醫院（簡稱威院）的一批在同一病房工作的醫護人員，以及一批曾在相同病房實習或考試的香港中文大學（簡稱中大）醫學院學生出現非典型肺炎的病徵，主管醫生沈醫生幾乎用了所有的抗生素，但十一位患病的醫護人員和學生對藥物都毫無反應，才引起了該院和醫學院的極度關注，並上報衛生署和醫管局的高層，希望有關高層作出適當的行動，不久消息亦被傳媒知道了。其實在這件事之前，早已有傳媒成為「緝兇」的先頭部隊，前往廣州採訪，並已報道過有關當地醫院和醫護人員神秘而緊張的情況。雖然採訪記者心感忐忑又對疫症沒有太大的認識，加上為了採訪，防護措施不能太誇張，他們僅戴上由多層棉布造成的口罩，便扮作普通人混入有疫症病人的病房，採訪後

連簡單地洗手也欠奉。當第一篇報道刊出後，當地各醫院進行更嚴密的防守，記者們再也無法得知疫症情況的真偽，只能報道普通市民搶購物品的情況，普遍對醫院這樣的安排感到不對勁。

其實往廣州「緝兇」的豈止傳媒，香港大學（簡稱港大）研究病毒的專家袁博士亦曾應邀往廣州協助尋找疫病的元兇。雖然疫病的病徵與流感相似，但經研究後，對真正元兇仍沒有頭緒，只認為不是禽流感。威院爆發不知名傳染病後，袁博士根據廣州「緝兇」的經驗與沈醫生商討用藥方案，決定試用一種抗病毒性較大的藥物利巴韋林（ribavirin）來對付這病，但這藥會有較大的副作用。由於對疫病束手無策，也只好一試。可是用藥後，病者仍沒有起色，而且有病人因血含氧量很低，喘氣情況愈趨嚴重而要進入深切治療部，並要插喉、用呼吸機來提供高氧度的氧氣和用俯臥通氣（prone ventilation）來協助病者呼吸。

後來再有病者在威院病歿，威院的醫生才有機會透過解剖來瞭解疫症。這次中大醫學院進行的是全身解剖，除口罩、面罩等各類保護衣物齊全外，更在死者身體上加一片透明膠才開始進行解剖，藉此隔開解剖者和死者的身體，以減低解剖者受感染的機會。這次解剖抽取了死者的肺部、心臟、腸臟等內臟組織樣本進行詳細研究。沈醫生從解剖資料發現病人是因為病毒入侵，引

致人體保護細胞功能減弱，使病者容易受到細菌感染，令肺部毛細血管擴張和充血，肺泡因而積滿液體，沒有空氣的紅血球也進入肺泡內，令氧氣無法如常地以二氧化碳交換氧氣的方式進入血液，影響正常的呼吸。同時亦因感染啟動了身體的免疫系統，製造大量白血球，白血球亦透過毛細血管進入肺泡，錯誤地攻擊肺泡。沈醫生希望替病人進行類固醇注射（steroid pulse therapy），抑制病者因感染引致免疫系統的過敏反應而攻擊肺部，產生以上的呼吸問題。躺在病床上的醫生們完全清楚不適當地使用類固醇可能帶來嚴重的副作用，如出血、骨質疏鬆、傷口癒合不良、肌肉病變、水腫等，但是他們也知道在找不到更好的方法下，只有信任同事，也希望為不明疫症帶來曙光，於是簽下一紙同意書，便開始用藥。有些本身是醫生的病人則不到最後關頭，也堅拒使用類固醇。類固醇的效用果然靈光，不少已入深切治療病房的使用者均從死亡邊緣走回人間。唯類固醇不能長期使用，病癒者的血清因存有病毒的抗體，因此也用來醫治其他病人。同時沈醫生也嘗試以血漿減除術（plasmapheresis）減低因病毒入侵引致的身體免疫系統過分活躍的細胞激素（cytokines）的影響，但情況未如理想。至於病毒引起其他內臟系統功能的失效，則再對應地作出其他治療方式，如泌尿系統喪失功能，便用腎臟透析（renal dialysis）的方法，以協助病人維持身體的基本機能。

經過各方調查，發現一位與劉教授同住一酒店的青年曾入住出現醫護人員集體感染的病房，並將病傳給他們。由於該批醫護人員和學生的病情日益嚴重，發病的人亦陸續在各醫院出現，兩大醫學院的科研人員日以繼夜地輪班工作，希望能找出疫病的元兇。香港、廣州和遠至德國、加拿大的科研人員曾分別找到不同的病毒，最後經過反覆驗證後，認為疫症是由港大微生物學系的科研人員找到的一種冠狀病毒（coronavirus）所引起，時為三月二十二日。起初他們在劉教授的血液和細胞樣本培植不到致命的病原。後來袁教授等人利用劉教授一位病歿親戚的肺部細胞樣本，抽取病毒放入猴細胞種植病毒，最後成功種出這種病毒，並在電子顯微鏡下找到這種冠狀病毒（見圖 1）。冠狀病毒原主要分三大類，只有兩類會感染哺乳類動物，另一類是感染鳥類。這種病毒原本只感染動物，對人類只會造成普通的感冒，相信是變種後才變成這種殺傷力強的病毒，這也反映了人類與其他動物過分頻密接觸所引起的問題。四月十六日，WHO 為此病定名為嚴重急性呼吸系統綜合症候群（Severe Acute Respiratory Syndrome, SARS，俗稱沙士，其病毒簡寫為 SARS-CoV）。流感病毒主要造成急性上呼吸道的感染，但冠狀病毒引起的不只上呼吸道感染，還包括下呼吸道與腸道感染，變種後的 SARS-CoV 的感染力更強，是透過黏液或其他體液的飛沫傳播。

找到病源，港大隨即研製出一種血清抗體快速測試

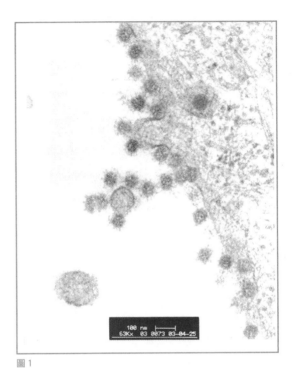

圖 1
電子顯微鏡下的 SARS-CoV。
（照片由香港大學病理學系 John Nicholls 副教授提供，特此鳴謝。）

的方法，只需一小時便知結果。四月中，港大和中大均
表示能破解 SARS-CoV 的基因密碼，有助研製疫苗。當
發現疫症是由 SARS-CoV 引起，而 SARS-CoV 與愛滋病
病 毒（Human Immunodeficiency Virus, HIV） 相 似，
醫生便改用利巴韋林加抗愛滋蛋白酶抑制劑（protease

inhibitor）快利佳（Kaletra）作為治療的藥物，結果臨床藥效比用類固醇更佳。

當大家為找出 SARS-CoV 而欣喜時，淘大花園一幢大廈出現大量 SARS 患者，成為社區感染的開始。引發淘大花園疫症爆發的是一名長期病患者，他同時感染甲型流感和 SARS，曾因肺部感染入住威院，並驗出有甲型流感病毒，出院時肺部 X 光片仍正常。之後，此病者往訪其弟位於淘大花園的家，透過其帶有病毒的糞便，通過設計有缺陷的 U 形渠口，造成該廈超過三百人感染。由於該大廈患者眾多，政府決定封鎖大廈，將全大廈的住客隔離，不但引起住客的恐慌，亦引起公眾的憂慮。

一早起床的黃太，雖然趕着上班，仍不忘開着電視，看看疫情的「新走勢」和政府有沒有新的安排。就在她看得入神時，她聽到陣陣的咳嗽聲。黃太掩着口悄悄地循着咳嗽聲，尋訪咳嗽聲的「源頭」，她看到一個瘦削的剪影在陽光中晃動，並發出連連的咳嗽聲。原來是她那正準備洗衣服的傭人 Debbie，她正掩着口咳嗽。正當 SARS 肆虐的敏感時期，她的僱主黃太當然不敢怠慢，查問 Debbie 有沒有看醫生，並叮囑她看醫生時緊記戴上口罩。黃太花不了太多早上的黃金時間跟 Debbie 閒聊，便戴上口罩，趕緊出門上班。

黃太下班回家，一進家又聽到 Debbie 在廚房咳嗽的

聲音。黃太走進廚房，看見 Debbie 已戴上口罩，並問她
看醫生的結果。Debbie 只告訴黃太她沒有事，所以沒有
看醫生。其實 Debbie 怕自己染上 SARS，會被送回鄉，
所以一直不敢看醫生，為怕黃太要她看醫生，Debbie 唯
有再多戴兩重口罩以降低咳嗽的聲音。晚上，Debbie 仍
在咳嗽，黃太見她一整天咳嗽實在不太對勁，問 Debbie
有沒有其他身體不適，Debbie 仍是回答一句沒事。黃太
知道 SARS 會引起發燒，於是要替 Debbie 探熱。在黃
太半逼半哄下，Debbie 探了熱，發現她有輕微發燒，黃
太於是帶她往急症室。Debbie 卻解釋剛洗完熱水浴，所
以體溫高了點。之後，Debbie 入了自己的房間。過了不
久，黃太再替她探熱時，Debbie 的體溫果然回復正常，
黃太也就不再多問。

翌日晚上，黃太下班回家，想問 Debbie 晚上預備
了什麼餸，才想起早上和回來後均沒見過 Debbie，也
聽不到她的咳嗽聲。於是敲她的房門找她，可是沒有人
應，但她的隨身物品均在屋內，不似外出，於是便悄悄
地打開她的房門。沒有窗的房間一片漆黑，原來 Debbie
躺在床上，呼吸淺促，黃太立刻召救護車送她往醫院。
Debbie 捱不到幾天，便客死異鄉了。

Debbie 死前照的 X 光片，肺部有很多陰影，但 SARS
測試呈陰性。SARS 疫症期間，由於死亡個案太多，而且
傳染性高，一般醫院解剖室的規格不符合進行傳染病解

剖的規定，所以若死者已確診是 SARS 患者，便不會進行解剖。只有在教學醫院內死亡的 SARS 或疑似 SARS 個案，才對病者進行全身解剖，以協助瞭解 SARS 的研究。因為 Debbie 死在教學醫院，所以由大學的法醫替她進行解剖。一如她的 X 光片所顯示，肺部有炎症的徵狀，並已引發膿胸（empyema），即膿液已出現在胸腔，這是肺炎雙球菌（streptococcus pneumoniae）造成的細菌性肺炎徵狀。原本細菌性肺炎服食一般的抗生素是可以治癒的，但礙於她對 SARS 的恐懼而延誤就醫，就這樣喪失了寶貴的生命，實在十分可惜。

十月十七日政府宣佈成立「嚴重急性呼吸系統綜合症信託基金」，為受 SARS 影響的家庭提供特別恩恤援助。

梁婆婆雖然年紀老邁，又有長期病患，但行動尚算方便，所以每朝均會到樓下的小花園舒展一下筋骨，並與一眾長者談天，交換一下長者情報，知道哪裡有長者優惠和活動，年來為她節省不少支出和帶來歡樂。今天她到花園時，有人告訴她，每天都在小花園活動的陳伯進了醫院，據說是染了 SARS。因為陳伯每天也跟大家一起活動，飲茶吃飯，所以大家也擔心會否受到感染。梁婆婆想自己這輩子彩票一張也沒有中過，打仗也捱得過，心臟的毛病也沒有打倒她，SARS 這種小病該沒問題，於是如常獨自生活。

　　丈夫死後，梁婆婆便獨自居住。她有一個兒子，每逢重要的傳統節日也會與她飲茶吃飯，倒是她怕麻煩和吵鬧，不想搬往他家與媳婦孫兒共住。今天早上梁婆婆感到肌肉疼痛、有點咳嗽，心臟也有點抽搐的感覺，自覺是老毛病發作，剛巧明天是她定期往醫院覆診的日子，為了省錢，她決定明天見醫生時，才順道一起看病。

　　晚上，婆婆睡至半夜，呼吸愈來愈困難，忍不住按救命鐘求救。救護車很快到達，並將她送往急症室。知道她有肌肉疼痛和咳嗽的徵狀，救護車和急症室的醫護人員也格外小心。雖然婆婆的肺部 X 光片正常，但為安全起見，急症室的醫生也替她取樣本進行 SARS 的快速測試。婆婆的 SARS 快速測試的結果呈陽性，但她的心臟毛病同時也很嚴重，氣喘得令她生不如死。她的兒子趕到醫院時，急症室醫生請他要有心理準備；當然也告訴他梁婆婆染了 SARS，要做好防護措施。婆婆被送上深切治療部後，不到兩天，便與先夫相會了。病房的醫生認為梁婆婆是死於心臟衰竭，但她的兒子認為婆婆既然染了 SARS，應該是死於 SARS 的，於是要求法醫進行解剖，以確定梁婆婆的死因。

　　法醫替梁婆婆進行解剖，她的肺部正常，倒是心臟有問題，因此斷定梁婆婆的死因是心臟衰竭，梁婆婆的兒子亦惟有接受。

　　SARS 造成一千七百五十五人感染，二百九十九人死亡，其中包括八名殉職的醫護人員，也對不少病癒者造成永久性的傷害。這一疫不單令不少醫護人員、記者和市民重新反思自己的生活方式，也反映了香港醫療制度的漏洞，而解剖室是經檢討後其中一個獲得改善的項目。SARS 後，醫管局決定斥資分階段提升全港醫院的解剖室裝備，而當時興建中的葵涌公眾殮房亦按需要改建為更適合解剖傳染病死者的環境。室內的空氣流通是改善的重點，利用負氣壓設計，令所有空氣只單向地由解剖室由外而內流入，室內的空氣經過特別的過濾器清潔後，才抽到醫院的最高點排放。透過這種方法定時更換解剖室的空氣，同時確保了負責解剖的醫生和市民的安全。

疫戰

二〇二〇年三月二十四日

　　鈴鈴鈴，電話鈴聲響起。戴着口罩的傅姑娘以不大清晰的聲音接聽：「黃家亨醫務所。」電話筒另一端的女士說：「你好，這是衛生防護中心打來，請問你們是否有一位叫方靖雯的病人？」傅姑娘一聽到「衛生防護中心」，心裡已感不妙，一直不想發生的事情終於來臨。

　　二〇一九年年底，中國內地傳來武漢出現了多宗類似非典型肺炎症狀的不明肺炎個案，更有人因此而死亡，向同袍發放消息的醫生被訓誡。二〇一九年的最後一天，官方稱該病未發現明顯人傳人的情況，但翌日政府仍將流傳多人感染不明肺炎的華南海鮮批發市場關閉。香港的公立醫院開始有不少曾到過武漢的病人求診，發現部分病人出現近似非典型肺炎的病徵，醫護對這些病人特別留神，做好預防的措施。傅姑娘從網絡收到這消息後，也開始提高警覺。香港人外出都開始戴口罩，在診所內傅姑娘、黃醫生和病人也會戴口罩。黃醫生告訴傅姑娘這次病毒透過手接觸會比口沫感染的機率

更高，故提醒她工作時清潔雙手最為重要。因為傅姑娘從網上得知不少懷疑患病的內地來港人士會從不同口岸入境，入境後往口岸附近的醫院和診所求診，而傅姑娘工作的診所就在通往港珠澳大橋口岸附近的住宅區，故她也不敢鬆懈，上下班也戴上口罩。其實傅姑娘心底裡最害怕的不是自己染病，而是因自己染病而感染家人。因此她每次放工回家，在門前必先噴消毒噴霧並以搓手液消毒雙手才入屋。入屋後，她隨即洗澡換衣服，然後才敢在家中活動。

二○二○年一月

冬天是診所的旺季，傅姑娘這夜加班後，拖着疲乏的身軀下班。平日，她坐巴士回家的途中都會不自覺地睡着。這夜心情特別鬱悶，路燈的燈光掩映地進入沉重的眼簾，心內思緒就像燈光般忽明忽暗。傅姑娘跟香港大多數人一樣，一直期望香港政府能迅速做出一些適當的防疫措施，防止疫症傳入。可惜政府的處理手法卻不如非典型肺炎當年那樣合理，對當年一役記憶猶在的香港人選擇自救，於是全城掀起搶口罩、糧食和衛生用品熱潮。傅姑娘想過辭職，令家人安心，但這幾個月市道每況愈下，在診所工作多年，學歷不高，又別無長技，可找什麼更穩定、收入更豐厚的工作呢？隨着感染人數日漸飆升，武漢感染人數已躍升到令醫療系統不勝負荷。武漢未能控制疫情，為免疫症蔓延全國，今天終於

封城了！聽說在封城前，約五百萬人趕緊於封城前逃出武漢，有多少武漢人來了香港呢？香港今天出現的首宗確診個案，也是乘高鐵返港時，在高鐵站被發現發燒，才被送往醫院。傅姑娘擔心香港究竟會有多少這類病人？會否到她的診所看病呢？香港又會否成為下一個武漢？市民要求政府封關之聲不絕，為何政府總是不願聽民間意見，對專業人士的意見也置若罔聞？這幾個月已經夠磨人了，傅姑娘不欲再想下去，反正一切也不能掌握在自己的手中，只好見步行步，合上眼，希望竭力揮去雜亂的思緒，讓自己融入夜色之中。

中國人最重視的農曆新年就在這疫情的陰霾下度過，留學生趕緊離港，返回讀書的地方，內地客銳減，所有大型活動取消，香港人儘量減少拜年活動，留在家中，市面一片死寂。傅姑娘沒有如往年般，四出拜年或趁假期與朋友見面，只跟家人一起靜靜地在家中度過幾天年假。可是疫情沒有因香港人留在家度年而遏止，教育局因此決定學校延長假期，政府和不少公司實施家居辦公，但香港政府始終拒絕封關。假期過後，更傳來過年前後，因家庭或朋友聚會而出現的「火鍋家族」、「卡拉 OK 群組」等集體感染病案。

斜陽透過玻璃門照進診所內，「黃家亨醫務所」幾個字的黑影烙在地上，診所只有陣陣的冷氣機聲音，傅姑娘沒有像大部分的香港人般，可以留家辦公，四天年

假過後，她便要回到診所上班，求診的病人明顯減少，下午有少許時間可靜下來處理一些文件上的工作。傅姑娘偷空看看調至靜音的手機，朋友傳來新聞，三名內地確診病人竟從她診所附近的醫院逃走。放假後，傅姑娘原本心情不算太壞，看到這宗新聞後，頓時憋氣難舒，心想這是些什麼人？不是來求醫嗎？為什麼確診後反而逃離醫院？怕被隔離？他們會逃到哪兒？會在她工作的地區四處亂竄嗎？會否令區內的居民感染，令疫症在社區爆發？傅姑娘感到無可奈何，但又可以做些什麼呢？想到本來可以做些事來遏止疫情的政府，令傅姑娘更憤恨，但現在還有一絲希望。為了避免武漢和內地其他地方來的病者拖垮香港本已緊張的醫療系統，並表達對醫管局未能向前線醫護提供足夠的防護裝備的不滿，醫護提出罷工，希望政府能封關和想方法盡力採購足夠防護裝備，後來政府於年初六的回應是關閉部分口岸，但不包括港珠澳大橋，港珠澳大橋更免費通行。想到這裡，傅姑娘丟下電話，什麼也不想做了，只呆呆地望向那落在地上的耀眼陽光。

二〇二〇年二月

醫護罷工已進入第二天，政府仍堅拒全面封關。香港出現了首宗境內感染的確診個案和首宗武漢肺炎患者病亡的個案。死因裁判官對疑因武漢肺炎病亡者依例頒下解剖令。由於死者於醫院逝世，因此解剖於醫院有

負壓抽氣系統設計的特別解剖室進行。解剖前，法醫查看死者的醫療紀錄：有糖尿病，需要長期服藥，患肺炎住院後，正在康復期間，病情突然轉差，不到一天便死亡。是次疫症新型冠狀病毒病（COVID-19）是由嚴重急性呼吸綜合症冠狀病毒 2 型（SARS-CoV-2，見圖 1）引起，可由飛沫或接觸病人的分泌物感染。SARS-CoV-2較引起非典型肺炎的 SARS-CoV 更容易感染人類呼吸道和眼睛，但由於兩者皆為冠狀病毒，入侵人體的方法相似，故臨床徵狀跟非典型肺炎相似，也是病毒攻擊免疫系統，使肺部有過度反應，引起發炎，肺部毛細血管充滿體液，令空氣無法進入肺部的紅血球，造成缺氧。肺部充滿體液會造成疤痕，形成肺部纖維化的徵狀。法醫從死者生前的 X 光片也看到肺部纖維化的徵狀，但不算嚴重。

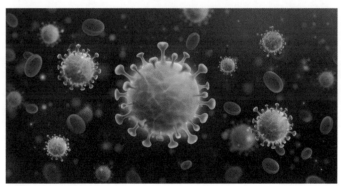

圖 1

電子顯微鏡下的表面有受體的 SARS-CoV-2 病毒和紅血球。

　　法醫如常地作解剖前的準備，穿好保護衣，戴上口罩、面罩和雙重手套，然後才進入特別解剖室。解剖助理協助剖開死者的皮膚。打開胸腔後，法醫看到肺臟並非是正常的狀態，正常的肺臟因有空氣在內，會較其他器官柔軟，但這名死者的肺臟的質感更接近肝臟的質感，較結實，這是肺部過敏造成的臨床特徵，但並不嚴重。法醫細心地察看肺臟，沒有心臟衰竭造成肺臟充血的情況，或其他異樣的發現，於是將肺部取出，量度重量，肺部沒有嚴重地超出正常的重量。由於死者是突然死亡，法醫接着檢查死者的心臟，發現血管有堵塞的情況，但心臟肌肉沒有壞死，相信死者也並非心肌梗塞致命。此外，法醫再沒有發現其他致命的異樣傷痕和病變，於是抽取各種體液作毒理學的化驗，毒理學化驗的結果也只發現死者生前接受的藥物，沒有其他發現，相信死者並非死於 COVID-19，也不是死於心臟疾病，不排除在沒有替死者做心電圖下，用藥控制血壓時，致令死者心臟停頓而死亡。因此，即使病者染上 COVID-19 後死亡，也不一定是死於疫症。香港幾位 COVID-19 患者死亡的個案中，病者也有長期病患，除上述首宗死亡個案是中年男子外，其餘三位死者也是七十歲以上且患有糖尿病或長期病患的長者，這也近似全球各地的情況，長者和長期病患者感染和死亡率較其他人高。

二〇二〇年三月

三月十一日世界衛生組織終宣佈 COVID-19 疫情已發展至「全球大流行」(pandemic)，即 COVID-19 在全世界多個國家同時出現人傳人的狀況，不少國家關閉邊境和實施限制入境的措施。雖然香港最終還是沒有對中國內地進行全面封關，但對從疫症蔓延的國家來港的旅客或回港的香港居民實施十四天的強制隔離。

晨曦初露，疲憊的陳小姐戴着口罩來到東京的成田機場，機場人跡杳然。想起成田空港本館地下，站滿戴了灰色棉口罩的軍人和全身穿了保護衣的工作人員，這裡守衛不算森嚴。陳小姐走到櫃枱託運行李後，便過關前往候機室，過程十分順利，沒有太多的體檢工作，也沒有遇到太多乘客。候機室寧靜得很，陳小姐靜靜地透過落地玻璃，看到停機坪停了一排排的飛機，想到數小時後便可以回到自己一直牽掛的地方，心情就好像映入候機室的晨曦一樣，有點熱和暖。因為乘客數量很少，很快已完成登機程序，飛機準備起飛。陳小姐看看偌大的機艙，只有二十人左右，坐在她眼見的區域只有三位乘客，各人坐在自己的角落，大家也一直戴上口罩。由於各乘客分隔得很遠，機艙服務員送餐來時，陳小姐很安心地除下口罩，吃了一頓飛機餐。陳小姐吃完餐後又戴回口罩，望着窗外軟綿綿的白雲，不知不覺睡着了。

　　飛機來到香港的上空，陳小姐被廣播吵醒，心情卻沒有因此變得煩躁，反而有點興奮。疫情一而再地阻延了她回港的計劃，她很掛念家人，今天她終於回家了，即便不能立即回家，感覺也像親近了很多。等候落機時，她已急不及待打了一通電話回家報平安，聽到媽媽的聲音，淚水不期然充滿眼眶，這是平生第一次有種恍如隔世的感覺。落機後，陳小姐按機場人員的指示，用搓手液消毒雙手和接受體溫檢測，然後乘扶手電梯到上一層。陳小姐來到這一層向前望，看到有一連串的指示版和「關卡」，每一個關卡也有工作人員出來講解強制檢疫的安排，有要求乘客下載啟動追蹤手環的 Apps，也有要求乘客填報出發地、航班和身體狀況等表格。陳小姐過關斬將般，完成一連串的申報手續和簽了幾份文件後，終來到過關的地方。身為香港永久居民的陳小姐很快便由 e 通道過關，往行李運送帶前等候取行李。提取行李後，乘客沒有像往常般可走出接機大堂，陳小姐隨其他抵港旅客按指示沿着一條特別規劃的通道，走到一個停車處，上了一輛車，車上坐滿人，便駛往機場附近的亞洲博覽館。

　　車輛到達亞洲博覽館後，陳小姐和其他乘客按指示到了一個觀影間。陳小姐感到有點莫名其妙，原來是工作人員安排他們觀看教導如何收集深喉唾液樣本的片段。影片教導他們取樣本時，要用力從喉嚨深處發出「kruua」的聲音以釋出唾液，吐入樣本瓶。看畢影片，

工作人員便將一套印有個人資料的樣本瓶套裝按姓名派發給他們。陳小姐核對完樣本瓶上的個人資料正確後，便走到一處一排排像選舉投票間的攤位。陳小姐按工作人員指示走進其中一格攤位，依影片的指示留了樣本，清潔和消毒自己和樣本瓶後，便將樣本瓶交給工作人員，然後又按指示走到另一房間。因為進行唾液檢測需時，政府安排下午抵港人士住進一間指定的酒店等待測試結果，陳小姐和其他抵港乘客便在房間等待分配酒店房間。

陳小姐待分配房間時，工作人員替她戴上追蹤手環，並告訴陳小姐必須於這十四天內戴上這手環，開啟追蹤 Apps，留在檢疫的地方。如違反檢疫令，離開檢疫地點，一經定罪，可被監禁六個月及罰款二萬五千元。十四日檢疫期滿後，可自行用剪刀剪斷追蹤手環。陳小姐完成佩戴追蹤手環後，便登上一輛旅遊巴。在旅遊巴上，陳小姐檢視手上的追蹤手環，很鬆，可以隨時退出。陳小姐一邊把玩手環，一邊等待被送往政府安排的酒店。等了又等，心裡有點納悶，車內又有點冷氣，令陳小姐昏昏欲睡，漸漸進入夢鄉。

忽爾，汽車機器轟轟作響，把陳小姐從夢鄉中帶回現實。陳小姐看一看錶，這一等居然等了兩小時。旅遊巴駛不了多久，便來到政府安排的酒店，陳小姐按獲安排的房號來到房間。房間有點舊，內裡什麼也沒有，心

想只住一天也沒什麼要求了。折騰了大半天，陳小姐一
入房間便立即脫下口罩，呼吸一下香港的空氣，然後洗
個澡後，便倒頭大睡。翌日，陳小姐獲通知測試結果呈
陰性，可離開酒店，到自選的家居隔離地方。離開酒店
前，工作人員又給陳小姐另一套樣本收集瓶，但這次的
收集瓶內有液體，瓶口窄窄的。工作人員請陳小姐十二
天後交回樣本，因陳小姐需要隔離十四天，因此工作人
員告訴她可以請家人或花港幣一百元請 Go Go Van 將樣
本送到指定的衛生署診所收集處，防護中心的工作人員
會於這十四天內與她聯絡，詢問家居隔離的情況。

　　陳小姐回港前已訂了酒店作家居隔離，這所酒店
並不容易找到，因為大部分酒店也不接受家居隔離的租
客，有報道刊出接受家居隔離的酒店名單，她按報道聯
絡相關的酒店，居然都已被訂滿。陳小姐只好從網上尋
找其他香港酒店的資料，然後按酒店價格一間一間地聯
絡，最終找到這家酒店。這家酒店環境良好，價格也相
宜，接受家居隔離客人的原因是之前曾有確診者入住。
陳小姐相信酒店會做好消毒的工作，加上她也找不到更
好的酒店，於是返港前已決定訂這裡的房間。入住自選
酒店的第一天，防護中心的工作人員致電陳小姐，請她
開啟追蹤手帶。她按指示開啟了追蹤手帶，開始了她
十四天的家居隔離。雖然房間有電視，但她大部分時間
都是用手提電腦上網工作、煲劇或用手機跟朋友聊天，
一日三餐則叫外賣。因為只能在房間裡走動，為免體重

280

暴增走樣，陳小姐每天都努力地做健體操，希望能保持健美的體態，否則十四天後怎可上班和見親朋好友？

　　為了第十四天能得知 COVID-19 檢測結果，到了第十二天陳小姐一早便收集深喉唾液，因為晚了便會遲一天才知道檢測結果。這次的收集瓶的瓶口甚窄，且內裡有液體。陳小姐走進浴室，在洗手盆前，用力從喉嚨深處發出「kruua」的聲音釋出唾液，並欲將深喉唾液吐入瓶中，但吐不中，再吐時，為了遷就吐出的唾液，一不小心將收集瓶弄翻。陳小姐心裡頓時冷了半截，呆望鏡中的自己，心想該怎麼辦？陳小姐走出浴室坐在床邊，想了一會，才想起十二天內防護中心也沒跟她聯絡，於是致電防護中心，看看可怎麼辦。接聽電話的防護中心工作人員稱，陳小姐可自行決定是否再次取收集瓶。陳小姐心想原來十四天後的檢測不是「強制」的！陳小姐為了家人和同事們的安全，於是決定再次取收集瓶。防護中心於是將另一套收集瓶套裝送給陳小組，但陳小姐再次收到收集瓶套裝時，她已離開酒店回家了。陳小姐心內有點毛躁，沒有完成 COVID-19 檢測，該不該回家呢？完成十四天家居隔離後，陳小姐一而再地延遲歸期，已很想念家人了，最終還是懷着忐忑的心回家，於是剪斷追蹤手環，便收拾行李離開酒店。

　　三月中，中國以外的地方確診的病例開始幾何級上升，歐美疫情開始失控，意大利、西班牙、英國、美國

等地相繼失陷，寄宿學校停課，香港的家長大為緊張，立刻安排子女返港。歐美人士對戴口罩甚為抗拒，對戴口罩的人投以奇異的目光，甚至辱罵，因此不少返港的學生或旅遊人士在外地均沒有戴口罩，有部分回港人士更是已經確診或發燒，家居隔離期間又四處走，一度引發確診潮。歐美回港的確診者的病毒濃度普遍比早期的確診者高，但他們體質較佳和較年輕，因此沒有出現死亡病例。COVID-19最令世界各地煩惱的是其傳染力強，短時間內有大量確診者需要接受隔離，以及其他醫療設施配合治療，尤其是幫助嚴重患者呼吸的呼吸機，即使是先進的歐美國家，其醫療系統一時間也難以應付。香港面對第二浪的確診潮，且大多是中產以上階層的香港人，再不能以封關來解決，只能限制疫情嚴重國家的旅客入境，大家只好嚴陣以待。教育局宣佈中、小學和幼稚園無限期停課。政府繼續實施家居辦公和暫停開放各場地，大部分部門只提供有限度或暫停服務，不少公司實施讓員工放無薪假的措施。黃醫生也告訴傅姑娘診所每週減少應診一天，對全間診所只有傅姑娘一人打理來說，只是補回週末或週日無薪超時工作的時間而已。

二○二○年三月二十四日

傅姑娘從衛生防護中心得知有早前來看病的病人確診，但防護中心並沒有什麼指引給她，也沒要求她、黃醫生和同日來看病的病人接受家居隔離。傅娘姑待正在

診症的病人出來後，便進入診症室，告知黃醫生有病人確診之事，然後貼出告示，關閉診所。待看完診所內的病人後，傅姑娘和黃醫生二人商量如何進行一連串的善後工作，包括打電話通知當天看病的病人，找專業的公司將診所徹底消毒，商量診所停診和二人家居隔離的時間。商討完，傅姑娘回到她的座位，從電腦找出當天來看病的病人的聯絡電話，拿起電話，頓覺鬱悶疲憊，忽然沮喪起來，放下電話，用自己的手提電話通知家人診所有病人確診。

二〇二〇年四月

香港的疫情仍未減退，停課的依然停課，家居辦公的繼續家居辦公，醫院隔離床位使用率飆升，DSE 公開試延期。政府進一步限制市民聚集，開始實施限聚令，公眾地方限制不能多於四人聚集，餐廳食客的距離不能少過一點五米，婚禮也不能超過二十人。可是疫情的威脅並未消除，政府加強限制市民聚集的措施，暫時關閉卡拉 OK、健身中心、美容院、麻將館、夜總會、會所等場所。清明、復活節假期街上冷清，本已進入寒冬的飲食業、零售業，雪上加霜，不少老店也紛紛宣佈結業。

四月中，確診人數逐步回落，限聚令繼續，疫症依然沒有完全消失。

二〇二〇年五月

五月尾，政府的限聚令繼續，疫症沒有完全消失，高中生復課，但街上的人群又開始為理想的未來再次聚集了。

街燈映照下，雨絲絲落下，一輛單層巴士駛近。穿着深藍色雨靴的傅姑娘收起雨傘，登上了巴士，走上上層找個四下無人的角落坐下。燈光令落在傅姑娘長長秀髮上的雨點閃閃發光，傅姑娘如常地戴上耳筒，讓音樂將一整天工作帶來的腦部刺激漸漸放緩，望向車外雨中忽明忽暗的路燈，眼睛又不知不覺閉上了。

二〇二〇年六月

一位沒有外遊紀錄的女士三度往私家診所看醫生，最後昏迷入院後確診。她的丈夫、同事和負責運送該女士的救護員其後確診，救護員成為是次疫情首位確診的醫護。確診女士曾到過的私家醫生診所照常營業。COVID-19 本地傳播復現……

當大部分市民安坐家中，
收看電視新聞或
閱讀報刊的疫情報道時，
大量的醫護人員、清潔工人、記者、
紀律部隊、政府工作人員、
社工和義工等正冒着生命危險
為我們服務，
謹借此機會衷心感謝他們。

CHAPTER 8
非自然死亡

一般並非因老死或病死的死亡，皆可稱為非自然死亡。非自然死亡大致可分為他殺、自殺和意外死亡。他殺案的行兇者為掩飾其惡行，也有可能將行兇事件裝作自殺或意外死亡，但遺體仍有可能會留下線索，待世人尋找真相。可是自殺、意外與他殺也可造成相同的線索，我們又如何識別呢？

自殺無可疑？

　　港人陳同佳在台灣涉嫌殺害女友潘曉穎後，潛逃回港。為引渡陳同佳往台灣受審，香港政府在二〇一九年二月建議修訂《逃犯條例》，將原條例中不適用於中華人民共和國或其任何部分（包含澳門和台灣）刪去。修訂後，港府以「個案形式安排」引渡疑犯到台灣或中國內地受審是毋須再經立法會審議，令港人恐被送回內地受審，引發了反修例運動。最初是三月一萬二千人參與反修例遊行，欲阻立法會一讀，但不果。六月九日，一百零三萬人遊行，希望可阻止六月十二日立法會二讀，但政府未有回應，引發六月十二日二百萬人反修例遊行，期間警察用大量武器和比過往強大的武力驅散遊行人士。政府定性這次警民衝突為「暴動」，引發不少香港人不滿，正式揭開持續至今的反修例運動。

　　運動期間，警民衝突愈演愈烈，令警民互不信任。不少運動參與者認為主流媒體已被政權收編，故網媒和網絡平台成為這次運動獲取資訊的重要媒介，現場直播成為關注警方拘捕行動的重點，因為直播片段記錄了不少流血場面。多場大型衝突後，網民密切留意警方一舉

一動，於是開始傳出一些無法證實真相的討論，其中包括對一連串屍體發現案的關注，有網民整理了每天非自然死亡個案的資料，亦有討論連串被列作自殺的屍體發現案的疑點。

墜落的黑衣人

　　一線微弱的光線等待已久，終於在厚厚的雲層間鑽出來，李小姐卻仍躲在被窩內，鬧鐘一刻不響，一刻也不肯鑽出暖暖的被窩。忽爾一聲巨響從窗外傳來，李小姐立刻跳出被窩，尋找手機，邊按到拍片的模式，邊望出窗外搜索有沒有異樣。李小姐住在公共屋邨，是名上班族，反修例運動前對政治漠不關心，也沒有參與過任何反修例運動的活動，但作為香港人仍十分留意運動期間的報道，也希望安全地做點什麼事幫個忙。最近網上有「被自殺」傳聞，聽到這聲巨響，她不期然立刻想到可能「有事發生」！李小姐看到有一具黑色人形的東西橫臥在對面樓下的地上，她立即按手機錄影。未幾，一名看更從大樓內走出來，然後不知從哪裡找來一些類似帆布的東西蓋在黑色人影上。不消三分鐘，已經有警車駛到，一名警員揭開帆布一看，然後拿他的對講機與總台對話和守在帆布旁。另有兩名警員與看更對話後，三人隨即上樓，未幾有兩名街坊模樣的人與兩名警員從大廈走出來，其中一名警員揭開帆布，街坊一邊拭淚探頭看帆布下的東西，一邊點頭，然後原本守在帆布旁的警員

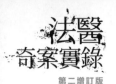

用粉筆圍着黑衣人畫了一個圈和拍照。過了一會，救護車也到來，救護員將黑衣人抬上擔架，三名警員和兩名街坊也跟着上車，看更也走回樓內。現場眾人上車後，警車和救護車便一前一後地駛走。李小姐停止錄影，望一望手錶，發現快要遲到了，於是飛快地梳洗上班。李小姐匆忙地下樓，但仍不忘從遠處望向對面樓地上的粉筆圈，看見有一位清潔工正拿着一桶水和地拖從樓內走出來。李小姐發覺地上沒有多少血漬，她匆匆地拍了一張照片，便又趕快急步前行。上班的車途上，李小姐將所見所聞寫下，連同拍下的影片和照片傳送到一間她認為可靠的網媒。

在香港，處理屍體發現案是有一定程序的。當警方收到屍體發現的舉報，會先派最接近屍體發現地方的軍裝警員第一時間趕赴現場，進行初步調查。如發現死因有可疑的話，會再召便衣警員到場作進一步調查，便衣警員認為有他殺的可能，便會請法醫和法證人員到場進行搜證的工作。如沒有可疑的話，警員不能擅自處理「屍體」，他們沒有法定的資格決定「屍體」是否已死亡，因此需要召救護車到場，將「屍體」送往醫院，由急症室的醫生證實死者已歿，經醫生證實死亡的亡者屍體會送到公眾殮房。與此同時，警方需要尋找死者家屬，如能聯絡到死者家屬，經家屬認屍後，家屬會與法醫會面。如家屬欲申請豁免解剖，法醫會先初步檢查屍體，看看有沒有他殺的可能，有需要的話便拍照作相關的記錄，

向死因裁判官提出專業意見，建議是否需要解剖。如裁
判官認為需要解剖，法醫便可進行解剖的工作以確定死
者的死因。如有他殺的嫌疑，警方便需要作深入調查。
身份不明的死者，警方會為其套取指紋和收集其 DNA 樣
本作進一步的調查。無人認領的遺體會存放在殮房一個
月，一個月後仍未找到親友認領，便會由食環署負責將
遺體送往公眾墳場安葬。若親屬欲領回已安葬的遺體，
便要提交與先人親屬關係的證明文件和繳付之前的運送
和安葬遺體費用。手續完成後，便可向食環署領回先人
遺體。由發現屍體到遺體進行解剖和確定死因，不只有
警方，還有搬運遺體、醫護等人會與遺體接觸，因此如
死者死狀或遺體有可疑的話，不只法醫，這些人也有可
能察覺到。

　　網上不少討論，發現不少墮樓、淹死或上吊而死的
非自然死亡也被警方列為死因沒有可疑，沒有再進行進
一步的調查，這是警方的結論。在這裡只想討論的是被
網民認為可疑的疑點，在法醫學而言的可能性。關於墮
樓的疑點，其中一個討論是若墮樓者是生時墜落的話，
應有大量的血漬。事實上，除了墮樓者墮下時是否生存
外，現場有否遺下大量血漬還要視乎墮樓者在什麼高度
墮下，墮下處愈高當然造成血花四濺和遺下大量血漬的
可能愈大。若墮樓者墮下處不是很高，則視乎墮樓者墮
下時，有沒有碰到晾衣竹、打開的窗戶、冷氣機等懸
於樓宇外的物件，如墮下時碰到這些物件令身體造成傷

口,便有可能造成流血和血濺的情況,否則亦有可能墮樓者墮下後只有內出血的結果,因而現場是有可能沒有或只有少量血漬。

浮屍與乾屍

五年前這天,中國全國人大常委會決議通過香港政府政改方案,使《基本法》原本授予香港人普選行政長官的權利又再一次落空,有團體舉辦八三一大遊行,要求撤回八三一決定,警方發出遊行反對通知書,但仍無阻香港市民參與原定計劃的遊行。警方出動水炮車和發射了數以千計的催淚彈、橡膠彈和海綿彈等驅散遊行人士和示威者,示威者亦投擲了過百枚汽油彈,釀成港島北和九龍油尖旺的大型警民衝突。晚上,一輛載滿乘客的地鐵車廂內,幾名戴上裝備的示威者與幾名政見不同的男子發生衝突,有人用滅火筒在車廂內施放滅火粉劑,造成車廂內煙霧瀰漫,有人報警。未幾列車停駛,車站發出嚴重事故的警報,呼籲站內乘客離開車廂和車站。人群正在疏散之際,約一百名警方的速龍小隊成員和防暴警察衝入車站另一層的車廂內,在沒有作出任何拘捕行動的情況下,對車廂內的乘客進行無差別襲擊,有網媒直播襲擊過程,但車站不久即被警方關閉,更將傳媒、義務救護員驅逐出車站,事後亦有立法會議員查找到消防紀錄的傷者數目曾一度遭更改,引發有人在站內死亡的網上傳聞,一片要求地鐵公開當晚站內閉路電視片段的聲音。

六天後

　　一家外語媒體在發生上述事件後已關閉的地鐵站出口外直播悼念和示威活動時，一名戴口罩和眼鏡的中年女子在該出口外，用廣東話向該媒體不懂粵語的記者稱，她有一名朋友在上述事件中被警察殺死，找不到她。隨後在旁的一名男子義務充當翻譯，她續稱警察在站內打死了六名示威者，其中一名死者是該女子的朋友，她朋友只有父母，死者父母到警署希望領回死者屍體，但隨即被軟禁，該女子無法與死者父母聯絡。

十六天後

　　陽光明媚，戴着漁夫帽的何先生如常地帶着他的釣魚工具，往住所對開海旁晨運和釣魚，今天也不例外。何先生看一看手上的手錶，還未到八時，放下手上的釣魚工具後，便舒展筋骨。何先生深深地吸了幾口早上清新的空氣後，拿起身旁的釣魚工具走到平常坐的位置，將魚餌勾在魚鈎上，將魚絲拋向海。當何先生在享受陽光之際，忽見海面出現一件載浮載沉的東西，起初也不大留意。當這東西一再映入眼簾，何先生開始覺得形狀有點像一個人的模樣，於是站起來，脫下漁夫帽，看清楚該東西是什麼。當那東西再飄近一點，何先生更確定是一個人，躊躇了一會，便致電報警。兩名軍裝警員趕赴何先生所在之處，跟何先生談了一會，其中一名警員

將情況用對講機通知總部，便衣警員也到來，召來水警
和消防輪，打撈那人形東西，最後證實該東西為一名女
性屍體，並在附近石灘撿獲一副眼鏡。當天另有報道指
該具女性屍體是在岸邊石隙間尋獲。屍體手腳枯乾、頭
僅剩骨頭，但紅色上衣大致完好，從報道的照片可見是
一件紅色有花的衣服。經警方在場調查後，證實為一名
失蹤十天的中年女性，在家中留有遺書。網民認為海上
撈起的屍體，為何手腳枯乾？為何頭僅剩骨頭？是否因
為免被認出死者身份呢？死者家人報稱失蹤時提供的照
片所穿的紅衣是全紅色沒有花，反而在車站襲擊事件時
拍到的一名女子，所穿的上衣剛好是紅色有花，跟在屍
體發現現場拍到的上衣相似。三天後，有聲稱是死者的
丈夫接受訪問，澄清撈獲屍體時，屍體已腐爛和腫脹，
並稱妻子生前患有抑鬱症。

　　法醫遇上浮屍發現案，可以從屍體找到幾項線索。
第一項是可得知死者是生前還是死後掉進水中。若死者
是生前溺水，解剖時，會發現胃會有大量水、呼吸道
有泡沫和腦水腫。進入肺部的水不會乾涸，即使浮屍腐
爛，這些液體亦會留在胸腔內。如死者是生前溺水，第
二項可從遺體得知的線索是死者是於淡水還是鹹水中遇
溺，詳情可參看第四章〈無助旅程〉相關的討論。綜合
浮屍腐爛和腫脹程度，以及屍體發現地點的溫度，則可
估計死者大概的死亡時間。在海裡發現和漂上岸後才發
現屍體也會影響死亡時間的評估。一般在海水內的屍

體，屍體會腐爛，過程中會不斷產生氣體，令屍體整體密度降低，更容易浮上水面，但海水溫度和氧氣濃度一般較空氣低，因此會減慢腐爛的速度。一旦屍體漂上岸或從海裡撈起，暴露於空氣中，屍體腐爛速度會迅速加快，變化可以很大，數小時內已可以變黑，屍體亦有可能變乾。另外，如屍體完整和腐爛程度不太嚴重的話，透過屍體外觀，已可以知道死者的性別和高度，死前有否受到襲擊或性侵犯。若有懷疑的死者對象，配合法齒科的牙齒紀錄、顱像重合法和面貌復容法等方法可確定死者身份，詳情可參看第三章〈無情愛郎〉相關的討論。從遺體的體液，透過毒理學則可知死者死前有否服用毒品或藥物等。至於網民質疑頭部只剩下骨頭但身體完整，雖則死後十天因為腐爛而完全失去肌肉的可能性不大，但亦有可能被動物咬去或因其他原因而失去肌肉。若是如此，則要檢查遺體，才能確定失去肌肉的原因是否有可疑。

少女裸屍

　　一名曾積極參與反修例運動的十五歲女學生失蹤，失蹤當天下午少女與朋友分開，十分鐘後曾短訊朋友說要回家。傍晚，清潔工在一地鐵站外拾獲少女的電話，聯絡其家人。兩天後，家人仍無法與少女聯絡，報警稱少女失蹤。

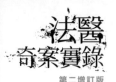

翌日

　　陣陣海風輕拂張先生的面龐，坐在海邊拿着魚竿一邊垂釣，一邊垂頭「釣魚」（即打瞌睡）。其實張先生釣魚只為在繁忙和紛亂的城市將心靜下來。待得陽光漸漸猛烈，冒汗的張先生抬頭，打算收拾細軟離去。當張先生將魚竿收起來時，發現不遠處有一樣東西在水面飄浮，他再看真一點，像是一個沒穿衣的人。張先生心裡有點慌亂，四周張望，看看有沒有人可幫忙。可惜四下無人，張先生只好硬着頭皮，按九九九報警。不久，兩名軍裝警察到來，接着是便衣，後來更駛來一輛水警輪，撈起一具全裸女性屍體，初步估計死者為一名二十五至三十歲的女性，身份不明，附近亦找不到遺書。

　　十五歲失蹤少女家人找不到少女，向網媒求助，網上開始傳遍尋找少女的貼文，還有她的照片和簡介。

　　上述女性裸屍發現後近三星期，經媒體查問，警方始稱日前發現的裸屍為失蹤少女，死因無可疑，列為自殺案處理，且遺體已被迅速火化。媒體開始廣泛報道此事，自稱少女的朋友指少女是游泳健將，不會這麼易溺斃，且失蹤前曾稱會回家。因引起公眾的廣泛討論，警方和學校公開少女失蹤前被學校閉路電視拍到的片段，後又有自稱是少女的母親在電視台現身表示認為女兒是自殺，接受訪問時少女的母親戴上口罩，樣貌被遮蓋，

但閉路電視和少女的母親皆被網民稱為偽造。期間一名不願公開身份但自稱警員的人接受一家外媒訪問時稱，原本此案是循謀殺案調查，後被內部強行列作屍體發現案處理。

發現妙齡少女裸體女屍是一件十分可疑的事，一般情況下，皆會循謀殺案方向調查。因為一般人不會脫光衣服才自殺，更何況是妙齡少女，況且學校交出的閉路電視片段只拍到她赤腳，並沒有脫衣服和做出受藥物影響的異常行為。若少女死時是有穿衣服，為何屍體沒有穿衣服？根據曾處理過海嘯屍體的法醫稱，即使海嘯後發現的屍體，基本上都有穿衣服。即使外衣被沖走，貼身的內衣也應在。若衣服被船弄毀，屍體應有相應的傷痕，但警方在記者會稱發現的屍體沒有表面傷痕和性侵犯的跡象，因此也排除了這可能性。既然屍體沒有衣服，警方又有死者穿了衣服最後出現在學校的片段，尋找死者的衣服也應是一個重要任務，但從報道中未有發現相應的行動。此案存有的疑點尚未有合理的解釋，死因庭已安排閉門研訊，且看屆時會否有新的突破。

整理了香港政府司法機構網頁二〇〇三年至二〇一八年的《死因裁判官報告》，發現每年的自殺總數自二〇〇三年的高峰期一直下滑至二〇一一年再逐步回升（見表1）。自二〇一四年後，每年的自殺總數約九百人左右。二〇一九年的《死因裁判官報告》尚未公佈，但從

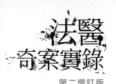

保安局局長李家超書面回覆立法會會議上胡志偉議員關
於警方處理死亡案件的提問時，二〇一九年一月至十月
的自殺、有人上吊及從高處墮下案件的數目（計算方法跟
《死因裁判官報告》不同）按比例比二〇一八年沒有明顯
的升幅，但這一年市民對相關的案件明顯比以往關注。
人的生命不是數字而已，只要有一條生命是死於非自然
死亡而沒有被調查其原因，也是一宗很嚴重的事件，希
望有一天每一位沉冤者的死亡真相終能被揭開。

表1：二〇〇三年至二〇一八年香港自殺案總數一覽

年份	自殺總數	由高處跳下	淹死	上吊
2003	1152	489	42	239
2004	1000	473	29	195
2005	509	233	12	109
2006	307	136	20	59
2007	102	29	13	19
2008	220	81	22	42
2009	287	114	24	54
2010	215	81	26	31
2011	185	79	17	36
2012	268	113	34	56
2013	352	158	43	76
2014	937	477	38	230
2015	984	519	32	218
2016	937	507	43	206
2017	895	493	30	193
2018	921	478	39	204

資料來源：二〇〇三年至二〇一八年《死因裁判官報告》（https://www.judiciary.hk/
zh/publications/publications2.html）。

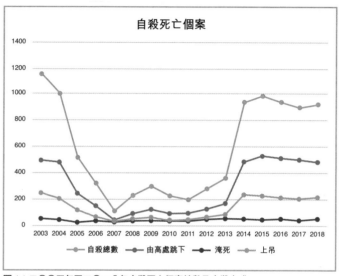

圖1：二〇〇三年至二〇一八年自殺死亡個案總數及自殺方式

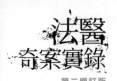

參考資料

- Abraham, T. (2007). *Twenty-first century plague: The Story of SARS*. Hong Kong: Hong Kong University Press.

- Beh, P. (2017). The development of forensic medicine in Hong Kong. In B. Madea (Ed.), *History of forensic medicine* (pp 188-197). Berlin: Lehmanns Media GmbH.

- Di Maio, V. J. M. (1999). *Gunshot wounds: Practical aspects of firearms, ballistics, and forensic techniques*. Boca Raton: CRC Press.

- Ferner, R. E. (1996). *Forensic pharmacology: Medicines, mayhem, and malpractice*. Oxford: Oxford University Press.

- Hamilton, S. E. (1994). *A history of the medical profession in Hong Kong's criminal justice system*. Hong Kong: University of Hong Kong.

- Hamilton, S. & Beh, P. (2015). Forensic science in Hong Kong. In D. H. Ubelaker, *The global practice of forensic science* (pp 121-133). Chicester: John Wiley & Sons, Incorporated.

- *Hong Kong annual report* 1894.

- *Hong Kong annual report* 1895.

- *Hong Kong annual report* 1896.

- *Hong Kong annual report* 1967.

- *Hong Kong annual report* 2003.

- Hong Kong Museum of Medical Sciences Society. (2006). *Plague, SARS and the story of medicine*. Hong Kong: Hong Kong University Press.

- Innes, B. (2000). *Bodies of evidence*. London: Amber Books Ltd.

- Knight, B. (1982). *Legal aspects of medical practice (3rd ed.)*. Edinburgh: Churchill Livingstone.

- Knight, B. (1996). *Forensic pathology (2nd ed.)*. London: Arnold; New York: Oxford University Press.

- Lee, S. H. & Lee, L. (2006). SARS and other infectious diseases in Hong Kong and mainland China - From experience to action. *SARS in China and Hong Kong* (pp.1-52). New York: Nova Science Publishers, Inc.

- Leung, P. C. & Ooi, E. E. (2003). *SARS war: Combating the disease*. New Jersey, London, Singapore, Hong Kong: World Scientific.

- Mason, J.K. (1995). *Forensic medicine for lawyers. (3rd ed.)*. London, Dublin and Edinburgh: Butterworths Ltd.

- Pang, T. C. (1959). *A study in medical jurisprudence in Hong Kong (1950-1957)*. Hong Kong: University of Hong Kong.

- Pickering, R. B. (1997). *The use of forensic anthropology*. Boca Raton, Fla.: CRC Press.

- 〈廿一年前按摩院兇殺偵破　警憑新電腦驗指紋捕疑犯〉(一九九二年九月九日)。《明報》。

- 王心瑩:〈SARS 冠狀病毒基因現形！〉。《科學人》。二○○三年六月號。二○○九年六月二十二日取自 http://sa.ylib.com/news/newsshow.asp?FDocNo=219&CL=28。

- 〈立法會十一題:警方處理死亡案件〉。香港特別行政區政府。二○二○年五月二十九日取自 https://www.info.gov.hk/gia/general/201911/20/P2019112000702.htm?fontSize=1。

- 〈死因裁判法庭〉。司法機構。二○二○年三月十一日取自 https://www.judiciary.hk/zh/court_services_facilities/cor.html。

- 〈死因裁判官報告〉（二〇〇三至二〇一八年）。《司法機構》。二〇二〇年五月二十二日取自（https://www.judiciary.hk/zh/publications/publications2.html#con_report。

- 《「沙士」（嚴重急性呼吸系統綜合症）信託基金》。中華人民共和國香港特別行政區立法會。二〇〇九年六月二十二日取自 http://www.legco.gov.hk/database/chinese/data_ws/ws-trust-fund-for-sars.htm。

- 余非（一九九九年）。《514 童黨殺人事件：給閱讀報告另一種選擇》。香港：三聯書店（香港）有限公司。

- 余叔韶著，胡紫棠譯（二〇〇二年）。《法訟趣聞：雪廠街九號的故事》。香港：香港大學出版社。

- 沈祖堯（二〇〇四年）。《不一樣的天空》。香港：經濟日報出版社。

- 宋慈著，宋楚翹譯（二〇〇〇年）。《洗冤集錄》。香港：西北印社。

- 《非典型肺 SARS 全面睇》。醫院管理局。二〇〇九年六月二十二日取自 http://www.ha.org.hk/sars/。

- 〈法醫官——另一類偵探〉（一九八三年八月二十六日）。《明報》。

- 〈法醫　聆聽沉默　為死者代言〉（二〇一〇年五月）。《U-Beat》。第九十七期。

- 政府檔案館檔案。

- 重案組黃 Sir（一九九〇年）。《倫常慘案》。香港：博益出版集團有限公司。

- 重案組黃 Sir（一九九一年）。《迷離綁架案》。香港：博益出版集團有限公司。

- 〈香港十大傳染病〉。今日健康。二〇〇九年六月二十二日取自 http://www.healthno1.com/articles/special/infection/。

- 陳昕、郭志坤編（一九九七年）。《香港全紀錄（卷一）》。香港：中華書局（香港）有限公司。

- 陳昕、郭志坤編（一九九八年）。《香港全紀錄（卷二）》。香港：中華書局（香港）有限公司。

- 〈淺談「殺人」罪〉（一九九二年九月二十五日）。《明報》。

- 麥燕庭編（二〇〇四年）。《目擊 100 天沙士最前線》。香港：香港記者協會。

- 〈港大研究發現新型冠狀病毒（SARS-CoV-2）較引起「沙士」的冠狀病毒（SARS-CoV）更容易感染人類呼吸道及眼睛 顯示眼睛可能是人類感染新型冠狀病毒的重要途徑〉。香港大學公共衛生學院。二〇二〇年五月二十五日取自 https://sph.hku.hk/tc/news/press-releases/2020/hkumed-researchers-discovered-novel-coronavirus-sars-cov-2-can-infect-more-efficiently-than-sars-cov-in-human-airways-and-eyes,-implicating-that-eyes-may-be-an-important-route-of-sars-cov-2-human-infection。

- 黃岐，阮嘉毅編（二〇〇三年）。《沒有硝煙的戰爭：香港醫護人員抗 SARS 感言錄》。香港：明窗出版社有限公司。

- 黃鴻釗編（二〇〇四年）。《香港近代史》。香港：學津書店。

- 須藤武雄著，蕭逢年譯（一九九九年）。《科學辦案的現場：法醫鑑識的世界》。台北：志文。

- 〈葵涌公眾殮房全面啟用〉（一九九二年九月二十五日）。《香港政府新聞公報》。二〇〇九年六月二十四日取自 http://www.info.gov.hk/gia/general/200509/03/P200509030136.htm。

- 劉潔芬。〈關懷老人，防止輕生〉，《溫暖人間》第五十九期。取自 http://www.buddhistcompassion.org/elderly.htm。

- 〈嬰兒猝死七大陷阱〉（一九九九年七月九日）。《壹週刊》。

第二增訂版

作者	吳月華
總編輯	葉海旋
編輯	李小媚
助理編輯	葉柔柔
封面相片	123RF.com
內文相片	Shutterstock（p.76, 275）
鳴謝	本書部分照片由馬宣立醫生提供
書籍設計	Tsuiyip@TakeEverythingEasy Design Studio

出版	花千樹出版有限公司
地址	九龍深水埗元州街 290-296 號 1104 室
電郵	info@arcadiapress.com.hk
網址	www.arcadiapress.com.hk

印刷	美雅印刷製本有限公司
初版	二〇〇二年十一月
增訂版	二〇〇九年七月
第二增訂版	二〇二〇年七月
ISBN	978-988-8484-68-3

版權所有　翻印必究